# 日本経済2020

# 恐怖の三重底から日本は異次元急上昇

増田悦佐
Etsusuke Masuda

ビジネス社

# はじめに

2020年は、これまでさまざまな常識や先入観にとらわれて見えなかった政治、経済、社会的な関係が、鮮明に我々の眼の前に現われてくる年になりそうだ。2007〜27年は、近代市場経済で84年ごとにくり返されてきた21年間もつづく長期不況サイクルの7回目に当たるのだが、2020年には今回の長期不況の特徴がはっきりと浮かび上がってくると予想されるからだ。

また、2020年はアメリカで50年ごとに起きていた政治暴力のピークに当たる。どんなピークになっているのだろうか。黒人やヒスパニックの人々はすさまじい経済差別にもかかわらず、比較的冷静かつ楽観的に近未来を見ている。一方、プアホワイトには深刻な悲観論者が多い。これからは、白人対マイノリティの所得・資産格差も縮んでいくだろう。そうなったとき、都市暴動や社会騒擾《そうじょう》の主役になるのは、マイノリティよりプアホワイトだろう。

さらに2020年は、2回目の東京オリンピックが開催される年でもある。オリンピックを開催した国は、開催当年あるいはその翌年の経済成長率が落ちこむ。世界最長最速の高度経済成長を誇っていた日本でさえ、1964年の第1回東京オリンピック開催後1年目だけ、GDP成長率が世界平均より0・5パーセンテージポイント低くなったのだ。今度のオリンピックは長期低迷のまっただ中で迎えることになる。

21年もつづく世界不況の象徴的な年になり、アメリカで政治暴力が頻発し、日本でオリンピック開催後の景気落ちこみがやってくる2020年。かなり暗い年になりそうだ。だが、明るい話題もある。

第二次世界大戦後の世界では、軍備にカネをかければかけるほど戦争に勝つ確率が高いわけではない。また戦争に勝った側が負けた側よりも、国内政治においても外交においても有利な立場を確保できるわけではない世界になったという事実への認識が深まる。さらに、これまで世界中で戦争の誘因となってきた主義主張・思想信条としてのイズムの神通力も低下している。

第二次世界大戦の日本は、戦前以上に「資源プア」な国となった。だが、この石炭以外のあらゆる資源は輸入しなければならず、採掘すれば輸出して利益を稼げる資源がほとんどない、人間の創意工夫以外に付加価値の源泉はないというきびしい環境が、日本の高度経済成長を支える省エネ志向を徹底させた。あらゆる工業製品について、日本は小型化、軽量化、省エネ化に取り組んだため、製造業全体で欧米諸国に対する競争力を強めた。

先進国とは、同一のGDPを生産するのに必要なエネルギー消費量を持続的に減らすことのできる国々のことだといってもいい。そして製造業全盛期から、日本はエネルギー消費量を減らしながら経済成長率を加速させることができていた。サービス業主導の経済では、この特徴をますます生かして、長期低迷を脱却するだろう。

先進諸国では、日常生活に必要なモノはほぼ充足している。だが、サービスは買っても蓄積しないので、支出がサービスのほうに傾いていく。世界経済がエネルギー消費量の多い製造業主導からエネルギー消費量の少ないサービス業主導に転換するので、人間の努力や工夫以外に付加価値の源泉のない国々の、資源を採掘して売ればすぐそこに付加価値が発生する資源リッチな国々に対する競争条件が平等に近づく。まさに日本が本領を発揮できる環境だ。

製造業の設備投資競争が重要性を失うと、大規模製造業各社の資金調達で儲《もう》けている金融業界も業績が悪くなるはずだ。だが、実際に金融市場が慢性的に低迷しているのは日本だけだ。欧米では、この当然起きるべき変化が起きなかっただけではなく、個人家計も借金漬けになっている。一方、バブル期に株にも不動産にも手を出さなかった日本国民の家計はほとんど無傷だった。日本の個人家計部門の金融資産総額は1990年代前半にごく小さなへこみがあっただけで、その後、順調に伸びつづけている。

低インフレが持続する時代には、徴税ではとうてい賄《まかな》いきれない戦費を国債という借金で埋めたあと、戦後インフレによって元利返済の実質負担を軽減させるという手が使えなくなる。これも、莫大な戦費がかかるほんものの戦争ができなくなってきた理由だ。

日本は愚鈍な知的エリートと賢い大衆が共存する国だ。だからこそ、日本はサービス業主導経済で最強国となる。サービス業主導経済で起きる最大の変化は、企業の小規模化と意思決定機能の分散だからだ。経済をけん引するのは重厚長大産業の巨額設備投資ではなく、なるべく大勢の消費者が喜んでカネをつかいたがる、多様な趣味・嗜好に多品種少量生産で応える中小零細企業の広範な存在なのだ。突出したエリートはいないが平均的に知的能力が高く、ほとんどなんの資源も持っていないので、努力と工夫で付加価値を生み出すしかない日本国民が活躍する舞台は整っている。

現代の戦争では、勝利の女神は戦場での実戦に勝った側ではなく、国際世論の同情を買った側に微笑《ほほえ》む。国防は、戦場でみじめで無様な負け方を確実にできるように、原則として65歳以上の人たちからなる老衛兵に担当していただく。老衛兵を組織する目的は4つ。行き場のない中高年層に家賃のいらない兵舎と、定期的な食事と、「名誉ある死に場」と、遺族への恩給支給を約束すること。定年退職者でも、早期退職者でも、そのまま社会との接点が少なくなってしまった人たちの第二の人生のための職業訓練校となること。中高年起業を支援すること。居場所のない人に避難所を提供すること。

これで日本はサービス化経済の先端を走る国になる。

## 第一章 2020年が長期不況のどん底となる

## 第二章　第二次世界大戦後、戦争は戦争もどきと化した

## 第三章 サービス業主導ですべてが小型化、軽量化、省エネ化する

## 第四章 金融市場は構造不況に陥る

## 第五章　輝く平和遺産を活かし、日本の国防は老衛兵で

# 第一章

# 2020年が長期不況のどん底となる

もう数ヵ月後に迫っている2020年とはどんな年になるのだろう？この質問について、いろいろ考えさせられる英語の慣用句がある。Twenty-Twenty Visionというもので、完璧な視力を意味する。日本語でいえば、右眼も左眼も2・0という感じだろう。2020年はたんに生理的な意味での視力だけではなく、これまでさまざまな常識や先入観にとらわれて見えなかった政治、経済、社会的な関係が、鮮明に我々の眼の前に現われてくる年になるのではないだろうか。

なぜかといえば、2007～27年は、近代市場経済で84年ごとにくり返されてきた21年間もつづく長期不況サイクルの7回目に当たり、2020年にはこの7回目の長期不況の特徴がはっきりと浮かび上がってくると、予想されるからだ。

## 戦後の日本人は平和ボケ？ それとも約1000年間、世界が戦争ボケだったのか？

第二次世界大戦が終わってから70年以上にわたって、日本人は「平和ボケ」だったといわれることがある。あるいは「日本は戦争を放棄しても、戦争は日本を放棄してくれない」ともいわれる。ほんとうにそうなのだろうか。

私は、つい最近まで15世紀末からヨーロッパ諸国が世界中に植民地を獲得する競争をしていた時代のほうが、「戦争ボケ」の時代であったと考えていた。ようするに世界は現在になって、この500年あまりにわたった戦争ボケ状態からやっと脱却しようとしていると思っていたのだ。ところが最近では、ヨーロッパ諸国が世界を戦争ボケ状態に引きずりこんだのは、もっとずっと早くて11世紀初頭とさえ思えるようになっている。つまり人類は約1000年つづいた戦争ボケ状態から、ようやく目覚めようとしているという、大変長い射程の変化だと考えなおしたのだ。

11世紀というと、1001年から1100年までの期間で、ヨーロッパは西ローマ帝国の崩壊以降の長期低迷からようやく脱却しようとしていた。ピレネー山脈の西側にあたるイベリア半島ではイスラム後ウマイヤ朝の一元支配が徐々にゆるみ、それまでは山間へき地などで細々と命脈をつないでいたキリスト教徒の小さな王国が、失地奪回運動を始めていた。

イギリスでは、まずノルマン人だったデンマークの王子がイングランド王となった。これは王家の中だけに限定された変化だったが、ついで「ノルマンの征服」があってアングロサクソン系の一般国民の上に、ノルマン人の王室と貴族が君臨する構造になる。ドイツもイタリアもこのころから、都市とその周辺だけを支配する領邦国家が乱立し、こうした都市国家同士の戦争や合従連衡《がっしょうれんこう》が近代にいたるまでつづく。

それにしてもヨーロッパはなんとも野蛮ですさんだ地域だった。西暦800年のクリスマスにローマ教皇から戴冠《たいかん》され、シャルルマーニュ（偉大なシャルル）と呼ばれたフランス王の時代から延々12世紀初頭にいたるまで、フランス王国には首都がなく、王室は国内各地をあちこち巡回し、仮の宮廷が近隣の農産物をほぼ食べつくすと、この巡回宮廷を別の場所に移すという根無し草のような生活をしていたことからもわかるだろう。シャルルマーニュの治世であった9世紀初頭には、麦の収穫高は播種量のたった2倍しかなく、そのうち半分を翌年の播種のために取っておくと、農民と王侯貴族で分け合って食べることができる麦の量はすさまじく少なかった。

だからこそ、王室とその直属の貴族たちが国内最大最強の略奪者集団として、国内各地を巡回していたのだ。そしてパリが首都の座を確立したルイ6世（在位1108〜37年）までの殺伐とした時代とは正反対の社会状況が、奇妙なことに極東の日本で進行していたのである。

## 日本は平和最長不倒距離の三冠王

藤原薬子《くすこ》という平城《へいぜい》上皇お気に入りの側室とその兄である藤原仲成が、その上皇を担いで嵯峨《さが》天皇に対するクーデターを起こしたのが810年。このクーデターに失敗した薬子は自殺し、仲成は戦闘中に弓矢で射殺されていた。そして、その後保元《ほうげん》の乱で敗北した源為義らが死刑に処される1156年にいたるまで、じつに350年近く、たとえ内乱の首謀者であっても死刑執行が行われない時代がつづいたのだ。死刑宣告自体はあったが、執行をずるずる引き延ばすうちに病死したり、瑞兆《ずいちょう》があったという理由で流罪（遠流《おんる》）などに減刑されたり、完全に恩赦《おんしゃ》で社会復帰したりしていた。

この平安時代の大半を占める政治犯の死刑ゼロという実績は、ほぼまちがいなく世界中の古代・中世における平和の最長不倒距離記録だろう。日本の平和持続記録は、それだけではない。先史時代では短い推計でも約1万2000年、長い推計では約1万4000年つづいた縄文時代を通じて戦争と呼べるような大規模な武力紛争がなかった。さらに江戸時代の元和偃武《げんなえんぶ》（1615年）から薩英戦争・馬関戦争（ともに1863年）まで対外戦争に一度も参加しなかったという近世・近代の平和の最長不倒距離記録も樹立している。

先史時代、古代・中世、近世・近代と、日本は平和の最長不倒距離記録の三冠王なのだ。これこそ世界が約1000年間の「戦争ボケ」から目覚めるにあたって、日本国民が全世界に誇れる文化遺産ではないだろうか。

11世紀の日本で何が起きていたかを見ると、さらにこの平和遺産のありがたみがわかってくる。世紀最初の年、1001年には清少納言が随筆集『枕草子』を完成させる。ついで1007年前後には紫式部が、仕えていた藤原道長をモデルにしたと想定される世界最初の長編小説『源氏物語』を完成させる。さらに1028～37年のあいだに著者は不明だが、ほぼ確実に女性の筆になる、編年体の歴史書『栄花物語』が完成する。これだけ多くの女性がこの時代に著作をのこし、それが現代まで伝承されているのも、平和な時代が持続したからこそである。

1052～53年には藤原道長の息子で後継者の頼通が、宇治平等院鳳凰堂《ほうおうどう》を建立する。「鳳凰堂」とは江戸時代になってからつけられた俗称で、池の中島に建てられた阿弥陀堂が水面に映る姿と合わせると、羽を広げた鳳凰に見える。当時、世界中の権力者が権力の象徴として下々のものたちが仰ぎ見る尖塔を持った建築物の高さを競い合う中で、摂政関白として位人臣《くらいじんしん》を極めた人間が建てた寺院としては、非常に抑制の効いた建物であった。

1064年には、ほかに特筆すべき業績はなさそうな地味な学者だった藤原明衡《あきひら》が、『新猿楽記』という奇書を記している。これは芸能尽くし、職人尽くし、もの尽くしというトリビア集と、猿楽（日本古代・中世の芸能の一つ。滑稽《こっけい》な物まねや軽口・しゃれのことで、神楽の余興として出発。鎌倉時代に入って歌舞の要素を強め、演劇化。専業芸人が生まれ、能や狂言に発展）の名人に関する論評を、古今和歌集真名序のパロディ風に書き記したものの寄せ集めである。その構成は猿楽好きの家族が一家総出で見物した猿楽の出来がよかったので、興に乗ってそれぞれ得意分野についてのうんちくを傾けたという趣向を凝らしている。もの書きの端くれとしては、いったいどういう読者層を想定したのだろうと首をひねらざるをえない奇書だが、ちゃんと読者層が存在したことは、この書が散逸もせず伝わっていることからも証明済みだろう。

さて、この世紀も終わりに近い１０９６年には、京の町で田楽（はじめ民間の農耕芸能から出て、平安時代に遊芸化された芸能。田植えのときに、田の神を祀《まつ》って歌い舞ったのが原形で、鎌倉時代から室町時代に流行、専業の田楽法師も出た。前述の猿楽との関係が深い）が大流行する。この流行は、長年にわたって鬱積《うっせき》していた庶民の不満が熱狂的な集団舞踊によって発散されたものと解釈されることが多い。つまり、日本の庶民生活はいつも貧しく惨めだったといいたいのであろう。だが田楽は庶民だけでなく、貴族や、時の上皇、天皇、内親王（皇女）にいたるまで楽しんだのである。この点、長い平和がつづく中で庶民と王侯貴族との心理的な距離が縮まっていた証拠と言えるだろう。

１０９６年といえば、どこかで見覚えがあると感じる読者も多いだろう。第一次十字軍が中東に遠征した年だと思い出した人もいるだろう。そう、まさにこの永長《えいちょう》大田楽の年、ヨーロッパの王侯貴族や騎士たちを中心とした十字軍が、聖地エルサレム奪回に向けて中東に旅立ったのだった。

## 十字軍のきっかけは、じつは誠実な「神の平和」運動だった

11世紀中ごろ、下級聖職者たちのあいだから、ヨーロッパ全域の戦闘行動を期間限定で休止しようという運動が発生する。神の名において即時休戦を訴えたこの運動は、戦争によって耕地を荒らされたり、家族の命を奪われたり、重傷を負った農民たちから熱狂的な支持を受けて広がっていった。だがヨーロッパの場合、こうした庶民の運動にローマ教皇がからむと、話は突然政治的な臭みを帯びてくる。

時の教皇ウルバヌス2世（在位１０８８〜99年）は、王侯貴族たちに火のような熱弁をふるい、激烈なアジテーション文書をばらまき、神の平和のための十字軍参加を呼びかけた。もちろん十字軍に参加すれば、地上で犯した罪を帳消しにする贖宥状《しょくゆうじょう》を買ったのと同じ効果が得られるというセールストークも織り交ぜた。

おそらくウルバヌスは、本気でエルサレムの聖地が奪回できるとは思っていなかっただろう。当時の中東はイスラム圏も統一政権ではなく群雄割拠状態だったから、うまくいけ

ば仲間割れの間隙《かんげき》をついて、中東にキリスト教徒の国を樹立できるかもしれないという程度の期待はあっただろうが。しかし、それよりはるかに期待が大きかったのは、とにかく王侯貴族や騎士たちの中で血の気が多い荒くれものを遠征させてしまえば、少なくともそのあいだはヨーロッパがいくらか平穏になる。もっといいのは、彼らが大量に戦死してくれれば永続的な平和も見こめるということだったのである。神の名のもとに即時全面的な停戦を呼びかける趣旨とはかなりちがったものになっていた。

このキリスト教国の領土拡大とヨーロッパ内の戦乱を鎮めるような一挙両得の政策は、第二次世界大戦直前まで、欧米人の基本的な戦争政策として引き継がれた。第一次世界大戦中、プロイセン帝国の流れをくむドイツ帝国とロシア帝国がお互いに相手をフン族の末裔《まつえい》とののしり、異教徒・異民族に対する聖戦だと唱えていたことを思い出していただきたい。

「11世紀以降の地域別主な戦争・内乱発生件数」の表を見ると、ヨーロッパ諸国の軍事遠征が14世紀にゼロまで減っている。この事実のせいで私はヨーロッパの戦争ボケはたかだか過去500年の現象にすぎず、あまり深い病根があるわけではないと判断していた。だが、それは単なる見落としだった。

## 11世紀以降の地域別主な戦争・内乱発生件数

| | ヨーロッパ内の戦争・内乱 | ヨーロッパ諸国の軍事遠征・植民地関連の戦争・侵略・征服・反乱・独立 | 中東・北アフリカ、西・中央アジア、ロシア | インド亜大陸 | 中国・東アジア | 日本 |
|---|---|---|---|---|---|---|
| 11世紀 | 3 | 1 | 4 | 0 | 2 | 0 |
| 12世紀 | 3 | 3 | 3 | 2 | 3 | 2 |
| 13世紀 | 8 | 4 | 6 | 0 | 13 | 2 |
| 14世紀 | 9 | 0 | 1 | 0 | 3 | 1 |
| 15世紀 | 6 | 5 | 4 | 0 | 4 | 1 |
| 16世紀 | 7 | 15 | 5 | 2 | 1 | 2 |
| 17世紀 | 11 | 8 | 1 | 0 | 6 | 1 |
| 18世紀 | 10 | 5 | 1 | 0 | 3 | 0 |
| 19世紀 | 15 | 25 | 7 | 1 | 11 | 2 |
| 20世紀 | 29 | 52 | 46 | 7 | 41 | 16 |

＊）11～13世紀のヨーロッパ諸国による軍事遠征は、ほぼ全面的に中東への十字軍派遣
＊＊）20世紀はソ連・東欧圏の消滅が確定した1991年12月までの集計
出所：各種世界史年表より著者作成

十字軍遠征はマルタ騎士団、テンプル騎士団、ドイツ騎士団という3つの極めて戦闘的な騎士団を生んだ。そのうちマルタ騎士団は十字軍の中東撤退とともにほぼ消滅した。まあ、曰く因縁故事来歴満載の秘密結社的組織として細々と存続はしているらしいが、実際的な意味はない。

テンプル騎士団は、十字軍従軍中に中東各地とヨーロッパ諸国とのあいだに張りめぐらした金融ネットワークで莫大な資産を蓄積した。これをうらやんだフランス国王に悪魔崇拝の異端集団というでっち上げの罪状で弾圧され

て、フランスでは消滅、その他諸国でも影が薄くなった。

だが、一番地味な存在だったドイツ騎士団は中東から撤退したのちも、ヨーロッパ圏内の北東部で存続する。キリスト教普及以前の民俗信仰を堅持していたバルト系諸民族やスラブ系諸民族に対して、「宣教するより異教徒のまま殺し尽くせ」という活動方針を貫いていたのだ。この点に関しては、山内進著『北の十字軍――「ヨーロッパ」の北方拡大』(1997年、講談社選書メチエ、なお講談社学術文庫版もあり)をぜひお読みいただきたい。

## ほとほと感心する「北の十字軍」の悪辣さ

バルト系、スラブ系諸民族に対するドイツ騎士団の十字軍を描いた『北の十字軍』は、相手が異教徒の蛮族であれば、キリスト教の名のもとにいかなる残虐行為が行われたかを克明に描き出している。まずバルト海沿岸のリトアニア王国に、毎年「軍旅」と称して人間狩りの狩猟ツアーを送りこんだ。西欧の王侯貴族や金持ちにかなりお高い価格設定で、「思う存分、異教徒を殺しまくれますよ」と参加を募《つの》ったわけだ。

当時のリトアニア王は自分もキリスト教に改宗するだけでなく、国民に北の十字軍につけ狙《ねら》われているのだから、平和に暮らしていくにはキリスト教に改宗したほうが得だと説得したほどだ。だが、ドイツ騎士団は軍旅の営業成績を高水準で維持するために、リトアニア人の改宗は「偽装」と言い張った。ローマ教皇庁にも「リトアニア人を改宗させるための布教活動をしたりすると、軍旅の参加者たちが気兼ねなく彼らを殺戮《さつりく》できなくなってしまう。だからリトアニア人は異教徒の蛮族のままにしておいてほしい。そうでないと我々の収入も激減し、法王庁に納められるカネも減る」という泣きごとまで伝えている。

さらに、バルト系とスラブ系が混じっていたらしいプロイセン人に対する執拗《しつよう》な略奪・殺戮活動も行っていて、ついに17世紀末か18世紀初頭にはプロイセン語をしゃべれる最後の人間が亡くなり、とうとう地上から消滅してしまった。ドイツ騎士団はその約200年前の1525年に最後の騎士団長がプロテスタントに改宗するとともに、俗人に戻り、近隣の領邦国家に騎士団領を丸ごと寄進してその家臣になった。

不思議なのは、騎士団領を吸収して北ドイツ有数の大国となったその領邦国家が自らプロイセン公国と名乗って、のちに小ドイツ主義（オーストリアを排除したドイツ統一国家実現を目指す動き）の旗頭、プロイセン帝国の母体となった事実だ。当然のことながら、プロイセン人やプロイセン語、プロイセン文化、プロイセンの土俗信仰などに対する崇敬の念があったわけではない。

おそらくは大物撃ちを自慢にする狩猟家が仕留めた過去最大の獲物の頭部剝製《はくせい》を、自分の家の暖炉《だんろ》の真上に麗々しく飾るような心境で、この新生ドイツ帝国の核となるべき国を自分たちが殺し尽くし、奪い尽くした民族の名を「受け継いで」プロイセン帝国と名付けたのだろう。

そういうわけで、現在の私はヨーロッパの戦争ボケはけっして過去500年程度の問題ではなく、約1000年はつづいた長患いだと思っている。そのうち前半の500年はヨーロッパ地域限定の風土病だったが、後半500年は世界中に蔓延《まんえん》する伝染病になったというちがいがあるにすぎない。さて、その後半500年の伝染病としての戦争ボケとはなにか。

## 大航海時代も宗教改革も、オスマントルコの挑戦に対する西欧諸国の返答

「近代市場経済超長期84年サイクル底辺期の概要」と題した図表をご覧いただきたい。す

## 近代市場経済超長期84年サイクル底辺期の概要 1503〜2027年（?）

| 中軸年 | 期間 | 時代の特徴 | 覇権国 |
|---|---|---|---|
| 1512年 | 1503〜23年 | 中南米侵略の本格化、オスマントルコによる中央ヨーロッパに対する圧力強化、宗教戦争の萌芽 | スペイン・ポルトガル（政治）、ヴェネツィア（経済） |
| 1596年 | 1588〜1608年 | 英艦隊によるスペイン無敵艦隊撃破、スペイン王室の破綻連発 | 政治・経済ともオランダへの移行期 |
| 1680年 | 1672〜92年 | 英仏植民地獲得競争激化、オスマントルコ圧力の緩和、「名誉」革命の勃発 | オランダ |
| 1764年 | 1756〜76年 | 七年戦争勃発と英軍の仏軍に対する勝利、オランダ領ニューヨークが英領に転換、米独立戦争勃発 | フランスからイギリス（政治）、イギリス（経済） |
| 1848年 | 1837〜57年 | 米銀行取り付け騒動、アヘン戦争、英米の鉄道バブル崩壊 | イギリス |
| 1932年 | 1921〜41年 | 第一次世界大戦後バブル崩壊、アメリカが移民受け入れ人数を抑制、大不況、第二次世界大戦勃発 | アメリカ |
| 2016年 | 2007〜27年（?） | 国際金融危機、ユーロ圏ソブリン危機、世界中央銀行バブル | なし、感化力リーダーとして日本浮上 |

出所：著者作成

でに6回が歴史的事実となり、現在7回目に突入している、84年ごとに1度の21年間にわたる長期不況が列挙してある。不況期の中軸年はきれいに84年ごとに並んでいるが、それぞれのサイクルの特徴を示す象徴的な年は、この中軸年とは微妙にずれている。

第1回を象徴するのは、いわゆる大航海時代にすっぽり収まる期間であるにもかかわらず、さまざまな航海や植民地の征服ではなく、マルティン・ルターが95か条の質問状を提出した1517年だった。1492年に行われたコロンブスの大西洋横断航海を画期として、ヨーロッパ人は発見の時代と呼び、我々日本人は「それではもともと住んでいた先住民の視点をあまりにも欠いているのではないか」という理由から大航海時代と呼ぶ時代が始まった。このころから、西欧諸国が本格的にアジア、アフリカ、南北アメリカ大陸に進出して植民地経営に乗り出したわけだ。

この時期はそれまでユーラシア大陸の中で、文化的にも軍事力的にも遅れていたヨーロッパ諸国が積極的に海外に進出するようになった、西欧文明にとって明るい時代という印象を抱いている人が多い。だが、実際に1490~1530年代にヨーロッパ独自のキリスト動かしていたのは、やがてイスラム圏に取りこまれてしまい、ヨーロッパ独自のキリスト教文明は滅亡するのではないかという暗い終末意識だったのである。

まず約半世紀前の1453年に、オスマントルコ帝国軍が不退転の決意と周到な準備で東ローマ帝国の首都コンスタンティノープルを陥落させ、イスタンブールと改称して自国の首都とする。その結果、神聖ローマ帝国の首都であり、当時、中・西欧世界でもっとも華やかな都市でもあったウィーンは東ローマ帝国という緩衝《かんしょう》地帯を失い、直接オスマントルコ帝国と向き合うこととなる。

この衝撃は、現代世界に生きている我々には想像もつかないほど深刻だっただろう。約250年のときを隔てて18世紀フランスの啓蒙《けいもう》思想家ヴォルテール（1694〜1778年）は「神聖ローマ帝国は神聖でもなく、ローマでもなく、帝国でもなかった」と皮肉《ひにく》っている。だが当時、現在のオーストリアを中心に南ドイツ領邦都市の大部分を版図《はんと》とする神聖ローマ帝国は、弱小国の寄せ集め状態だった中西欧諸国の中では、フランス王国とともに政治・経済・軍事における大国だった。

それではオスマントルコ帝国に正面から対抗できるほどの国力かというと、まったくそうではなかった。実際に1529年にはウィーンはオスマントルコ軍に包囲される。だが、オスマントルコ軍は陥落寸前まで追いこんだこの攻城戦を放棄したために、ウィーンは命拾いしている。神聖ローマ帝国が自力で守り抜いたというよりは、オスマントルコがウィーンの価値をコンスタンティノープルほど高く見ていなかったので、攻め落とすことに固執しなかったと考えたほうがいい。

このオスマントルコから受ける圧迫がどれほど深刻だったかを象徴するエピソードがある。１５１７年にマルティン・ルター（１４８３〜１５４６年）が95か条の質問状をカトリック教会に突きつけることで、プロテスタント諸派による宗教改革とカトリック側の対抗宗教改革とのせめぎ合い、そして血みどろの宗教戦争へとなだれこんでいく時代のことだ。精神世界の最高指導者であるローマ教皇の世俗世界における最大の擁護者を自任していた神聖ローマ帝国のカール５世（在位１５１９〜56年）は、自国がオスマントルコ軍によって攻撃されている最中の１５２６年にルター派を黙認している。ここでキリスト教世界が分裂してイスラム勢力に併呑《へいどん》されるくらいなら、キリスト教内の異端派を受け入れるほうがましだと考えたからだろう。

中央ヨーロッパのキリスト教諸国がこれほどイスラム教を信奉するオスマントルコ帝国に押されているのは、ローマ教皇庁を筆頭とする教会組織全体がまちがった道を歩んでいるから神罰が当たったのではないかと考えた人も多かった。ルターや、やや遅れてカルヴアン（1509〜64年）がプロテスタント諸宗派を確立するのも、こんな深刻な疑問があったからだろう。とくに、当時ようやくヨーロッパにも伝播《でんぱ》した印刷術を駆使した贖宥状（免罪符）の販売は信仰を営利事業化したことできびしい批判にさらされた。

西欧諸国の中でも辺境に位置するスペイン、ポルトガル、次いでヨーロッパ大陸からははみ出した西の果ての国イギリス、当時はまだスペインの植民地で北ネーデルラントと呼ばれていたオランダが一か八かのギャンブルというべき遠洋航海に乗り出す。これもオスマントルコに完全に制圧された東地中海や中東地方を通らずに、伝説的な富を有するインドや中国と直接交易するチャンスを求めてのことだった。つまり、この時期はまだオスマントルコの挑戦にヨーロッパ諸国が応答する段階だった。

第2回を象徴するのは、イギリス王室が東インド会社を設立した1600年だ。15世紀末以降、ヨーロッパ諸国による世界各地の植民地化は圧倒的に有利な科学技術を生かして、軍事力と経済力で押しまくった結果だと考えている人が多い。南北アメリカ大陸やアフリカ大陸についてはそのとおりだが、ユーラシア大陸の3大帝国オスマントルコ、ムガール、清についてはまったくちがう。当時のヨーロッパ諸国の軍事力は敵地に乗りこんで勝利を得るほどの優位はなく、搦《から》め手からの攻略をとらざるをえなかったのである。

イギリス王室が東インド会社に対インド交易の独占権を勅許状で与えたのも、まさにこの搦め手によるインド亜大陸攻略作戦だった。東インド会社社員はムガール皇帝に臣従を誓い、徴税の請負やインド各地の土侯たちの反乱を制圧するなどの汚れ役を引き受けて、徐々に同帝国のインド亜大陸支配を空洞化させていった。

第3回は、オスマントルコによる第二次ウィーン包囲が失敗した1683年だ。この時点でようやく、オスマントルコ帝国とヨーロッパ諸国の力関係はヨーロッパ優位に転換した。第二次ウィーン包囲の失敗からわずか半世紀あまり後の1736年にはヨーロッパでも最後発のロシア帝国がクリミア半島に侵入してオスマントルコ軍と戦い、アゾフ海にそそぐドン川河口付近の要衝の街アゾフの領有を認めさせる。

そして第4回を象徴する年は、第ゼロ次世界大戦ともいうべき七年戦争がイギリス・プロイセン連合によるフランスとその同盟諸国に対する勝利に終わった1763年だ。

第5回は、第一次アヘン戦争に敗北した大清帝国が南京条約締結に追いこまれる1842年だ。ここでユーラシア大陸の3大帝国はすべてヨーロッパ諸国の帝国主義的侵略に屈服することになる。

だが、当時徳川幕府支配下にあった日本だけはちがった。海外諸国との通商は長崎の出島内にあったオランダ・朝鮮両国の商館のみと厳重な管理貿易に限定しながらも、とくにヨーロッパの政治・社会・経済・科学技術に関する情報は詳細に把握していた。尊王攘夷《じょうい》派がいつの間にか尊王開国派に、交渉当事者が徳川幕府から天皇家を奉戴《ほうたい》した薩長連合政権に変わるというかなり無節操な変転を経て、巧妙に植民地化をまぬかれたまま近代国民国家を形成するのである。

もともとユーラシア大陸3大帝国は、それぞれ外来の征服王朝だった。その支配者たちは多民族、多言語、多宗教の複雑な背景を持った人々に同じ国民意識を持たせるという、かなりむずかしい課題を抱えながらの統治を余儀なくされていたのも事実だ。だが、やはり「西の辺境から来た野蛮人たちから学ぶものはない」という尊大な姿勢が西欧諸国に負けつづけた要因だっただろう。その点、幕末の日本人たちはあまり思想的に高尚なことに興味は示さなかったかもしれないが、医学や軍事技術といった実学について旺盛な好奇心を発揮していた。

すでに歴史的事実となっている最後のサイクル、第6回を象徴する年はニューヨーク株式市場が大暴落した1929年だった。この点については、あまり議論の余地はないだろう。

それにしてもヨーロッパの中心都市がイスラム化するという危機に対する応答が、思想・宗教面では宗教戦争、政治・交易面では植民地獲得戦争へとたどり着き、「イスラム化」の危機をとっくの昔に脱してからも戦争志向は定着したままというのが、この表から引き出せる結論になりそうだ。やはりヨーロッパは、戦争好きな国民性を持った国ばかりが密集している地域という感が強い。

## 規模の経済追求に突っ走ったアメリカという植民地社会の特殊性

なお、この84年ごとに21年の長期不況が来る事実について、以前は次のように分析していた。近代的市場経済の傾向としては、どうしても規模の経済を追求するあまり過剰生産に陥りがちだ。ほぼ3世代に一度、過剰生産で累積した実物資産を戦争という名の在庫一掃セールで除却していたと考えたのだ。

１７１０年にニューコメンが蒸気水揚機の改良に成功し、１７１３~35年にダービー父子が石炭とコークスによる鉄鉱石の溶融・溶解に成功したあとの１７５６~76年の長期不況以降は、この説明がある程度妥当性を持つ。だが、それ以前には市場経済が浸透していても取り立てて規模の経済を追求する傾向は見られなかった。

むしろヨーロッパ諸国に3世代に一度ぐらいは、派手に戦争をやりたがる人たちが多かったのだろう。その中でもとくに好戦的な連中が押し寄せたアメリカで兵器生産における互換性への追求が、まず大量生産の効率性を画期的に上昇させる。それがミシンやタイプライターなどその他の分野での当時のハイテク製品の量産化にも貢献するという産業構造の転換があった。

なお「アメリカ式製造方式」とは、厳密な精度で寸法をそろえて互換性を確保した部品を大量生産することによって画期的な生産性向上を達成することと定義されている。そして「製造業の技術革新一般では先行していたイギリス、ドイツに対して、慢性的に熟練工が不足していたアメリカでは、この不足を補うためのいわば苦肉の策として、未熟練な工場労働者でも手当たり次第に部品箱から取り出した厳密に寸法をそろえた互換性のある部品を必要な点数だけ組み立てて製品化することができるようにしたところ、想像を超える生産性の向上が実現できた」というのが定説となっている。

ただ、この定説にはじつは疑問点が多い。イギリスでもドイツでも工場主にとって頭痛

## 英国「死の商人たち」はなぜ兵器量産工場を育てられなかったのか？

| | イギリスでの動向 | アメリカでの動向 |
|---|---|---|
| 1672年 | 奴隷貿易を独占する王立アフリカ会社設立 | |
| 1698年 | バーミンガムの鉄砲鍛冶、最初の奴隷貿易銃受注 | |
| 1713年 | ユトレヒト条約で、スペイン領アメリカへの奴隷納入権獲得 | |
| 1775～83年 | アメリカ独立戦争 | |
| 1777年 | | マサチューセッツ州スプリングフィールドに造兵廠創設 |
| 1791年 | | 合衆国憲法修正第2条で市民の武装権を確立 |
| 1795年 | | ウエストヴァージニア州ハーパーズフェリーに造兵廠創設 |
| 1807年 | 奴隷貿易を禁止（奴隷保有は1833年の奴隷廃止法制定まで適法） | |
| 1812～14年 | 米英戦争 | |
| 1815年 | | 2国営造兵廠を合衆国陸軍兵器局が直接管理下に |
| 1836年 | | サミュエル・コルト、リボルバー拳銃製造工場を設立 |
| 1846～48年 | | 米墨（メキシコ）戦争 |
| 1847年 | W.G.アームストロング社設立 | |
| 1851年 | 世界初のロンドン万博で「アメリカ式製造方式」が話題に | |
| 1853年 | エンフィールド銃を制式銃に採用<br>サミュエル・コルト、ロンドンに銃工場を設立するも数年で撤退 | ニューヨーク産業博をジョセフ・ホイットワースなどの英工作機械専門家が視察 |
| 1854年 | エンフィールド造兵廠の設立が提言される | |
| 1856～59年 | 大英帝国領インドでセポイの反乱勃発 | |
| 1858年 | エンフィールド造兵廠での兵器生産本格化<br>アームストロング砲が英陸軍制式砲に採用 | |
| 1859年 | エルズウィック造兵工場の設立 | |
| 1861～65年 | | 南北戦争 |
| 1863～82年 | 兵器製造業者間で、規模縮小のための合併統合が進む | |
| 1871年 | | 全米ライフル協会設立 |
| 1897年 | 国内兵器製造会社、ヴィッカーズとアームストロング社の2社に統合 | |
| 1898年 | | 米西（スペイン）戦争 |
| 1901年 | アームストロング、ヴィッカーズ、クルップ、シュナイダー、カーネギーなどの出資により、国際トラスト、ハーヴェイ合同鉄鋼会社設立 | |

出所：オットー・マイヤー＝ロバート・C・ポスト編、小林達也訳『大量生産の社会史』（1974年、東洋経済新報社）、横井勝彦『大英帝国の〈死の商人〉』（1997年、講談社選書メチエ）などより著者作成

のタネだったのが、気位が高く職人気質で、労働時間などの規律を守らない熟練工だった。そして世界中どこでも産業革命は、熟練工に対する依存度を低下させるための「機械化」という側面を色濃く持っていた。したがって、たとえば産業革命で先行していたイギリスやドイツの綿紡績や綿織物工場でも「アメリカ式製造方式」と呼ばれる寸法のそろった互換性のある部品の製造は追求されていた。

なぜアメリカの軍需工場だけが互換性による大量生産を実現でき、イギリスの軍需工場ではそれがうまくいかなかったのか。これを解明するカギは工場内の製造工程という、いわば供給側の要因ではなく、大量生産された兵器を売りさばくだけの需要があるか、ないかにあった。38ページの図表をご覧いただきたい。

この表を一瞥《いちべつ》しただけで気づくのは、アメリカでは独立戦争開戦直後の1777年に最初の国立兵器工場設立、その後も1791年に憲法修正第2条で市民の武装権が確立され、さらに1795年には第2の国立兵器工場が設立されている事実だ。また1836年には、サミュエル・コルトが純然たる民間企業家としてリボルバー式拳銃の製造工場を設立している。

一方、イギリスで陸軍に特定の型式の小銃を制式銃として採用することが決まったのが、

1853年。国立兵器工場でその製造が本格化したのがさらに5年遅れて1858年と、軍需工場に対する需要の切迫性がアメリカに比べてはるかに弱い。最大の理由は独立戦争、南北戦争をはじめとして、アメリカがかかわった戦争は自国とその周辺が戦場だったことだ。これに対し、イギリスが参戦した戦争は18世紀末から19世紀はじめのナポレオン戦争以外、アヘン戦争にしてもセポイの乱にしても、イギリス本土に住む国民にとって遠い異国での戦争が多かった。

もう1つインドで下級兵士たちが中心となって起きた大きな要因がある。アメリカでは先住民から土地を奪い取り、先住民を絶滅寸前まで追いやった。こうして獲得した土地に、とくに南部ではアフリカから輸入した黒人奴隷《どれい》を労働力としてサトウキビ、綿花、タバコといったプランテーション経営を展開していた。先住民を追い立てるにも、黒人奴隷を過酷な労働に従事させるにも、白人入植者たちにとって「市民総武装」はけっして比喩《ひゆ》ではなく、文字どおりに生活権の一部だったのである。

独立戦争直前の時点で、アメリカにおける白人農園主の「動産」として分類される黒人奴隷たちがいかに巨額の資産だったかは、2014年にトマ・ピケティが書いた論文の一節に如実に表れている。独立戦争勃発の5年前にあたる1770年の英領13植民地のうち、のちにアメリカ合衆国の奴隷州となる南部諸州と、自由州となる北部の個人世帯資産構成を所得に対する比率で表したデータがある。

北部諸州では、最大の資産が農地で世帯所得の約150%、次が住宅で所得の80%程度、最後にその他国内資本が約70%で合計300%を若干上回る比率となっていた。これは同時代のヨーロッパ諸国と比べて、とくに豊かな資産構成とは言えなかっただろう。

だが南部諸州の資産構成を見ると、印象は一変する。農地は北部よりやや高い180%程度だが、最大の資産項目である奴隷が所得の250%強という非常に高い比率となっている。住宅は北部同様80%ぐらい、最後にその他国内資本の約70%が加わって、合計は所得のほぼ600%だった。

当時世界でもっとも強く、豊かな国だった大英帝国本国でさえ総資産が所得の6倍に達してはいなかっただろう。アメリカ南部の奴隷州は、ほぼ確実に世界最高水準の「資産持ち」地域だった。そして、この奴隷という貴重な「資産」をおとなしく奴隷の身分にとどまらせ、従順に農作業を行わせるために、農園主とその配下の監視人たちが武装して威嚇しつづける必要があった。だからこそ建国当初からアメリカには膨大な銃火器の需要が存在していたのだ。

したがって自信満々でイギリスに乗りこんだサミュエル・コルトが設立したリボルバー拳銃製造工場は、ほんの数年操業しただけで、需要不足で撤退を余儀なくされることになった。これは、その後のアメリカ資本主義に顕著な規模の経済追求と、各産業の有力大手企業がむき出しの独占企業化を目指したり、同一業界内の下位業者を糾合してトラストを形成したりする傾向にも大きな影響を与えている。

つまり綿紡績や綿織物工場の製造機械を厳密な寸法精度で互換性のある部品で作ったとしても、たいした効率性の上昇は見こめない。だが兵器という製品の不具合が保有者の身の危険に直結するような道具では厳密な寸法精度の追求と、そこから得られる量産による価格競争力の向上は決定的な意味を持つ。とはいっても量産された兵器を吸収するだけの需要が存在しなければ、この効率性は絵に描いた餅《もち》に終わる。ヨーロッパ諸国の植民地群の中でもアメリカだけが、市民たちのあいだに広範な兵器需要の存在する社会を形成していた。これでアメリカは寸法精度の高い互換性を持った部品による大量生産を、まず兵器から実用化し、その後タイプライターやミシン、万年筆といった民生商品にも拡大していったのだ。

もしアメリカがこれほど切実に兵器の大量生産を必要とする社会ではなかったとしたら、

世界全体の製造業における規模の経済を目指した競争も、現在我々が目にしているほど顕在化することはなかったかもしれない。

## アメリカで50年ごとに起きる政治的な暴力の次のピークも2020年

それだけ市民のあいだに切実な武器保有需要があるということは、何かきっかけさえあれば、暴力行動が噴出する社会ということも意味する。その点で、44ページの図表は示唆に富んでいる。

この1870年、1920年、1970年のピークにはそれぞれ非常に説得力のある理由がある。まず1860年代後半、つまり南北戦争が終結した直後には、暴動・内乱もリンチもほぼ並行して激増している。とくに敗北した南部で奴隷制の廃止と、それまで非常に高額の資産として持っていた黒人奴隷を何の補償もなく手放さなければならなくなった農園主たちは、北部から送りこまれた、にわか支配者たちに対して捨て鉢《ばち》の反抗をしただ

## アメリカの政治暴力長期サイクル、1780〜2020年（予測）

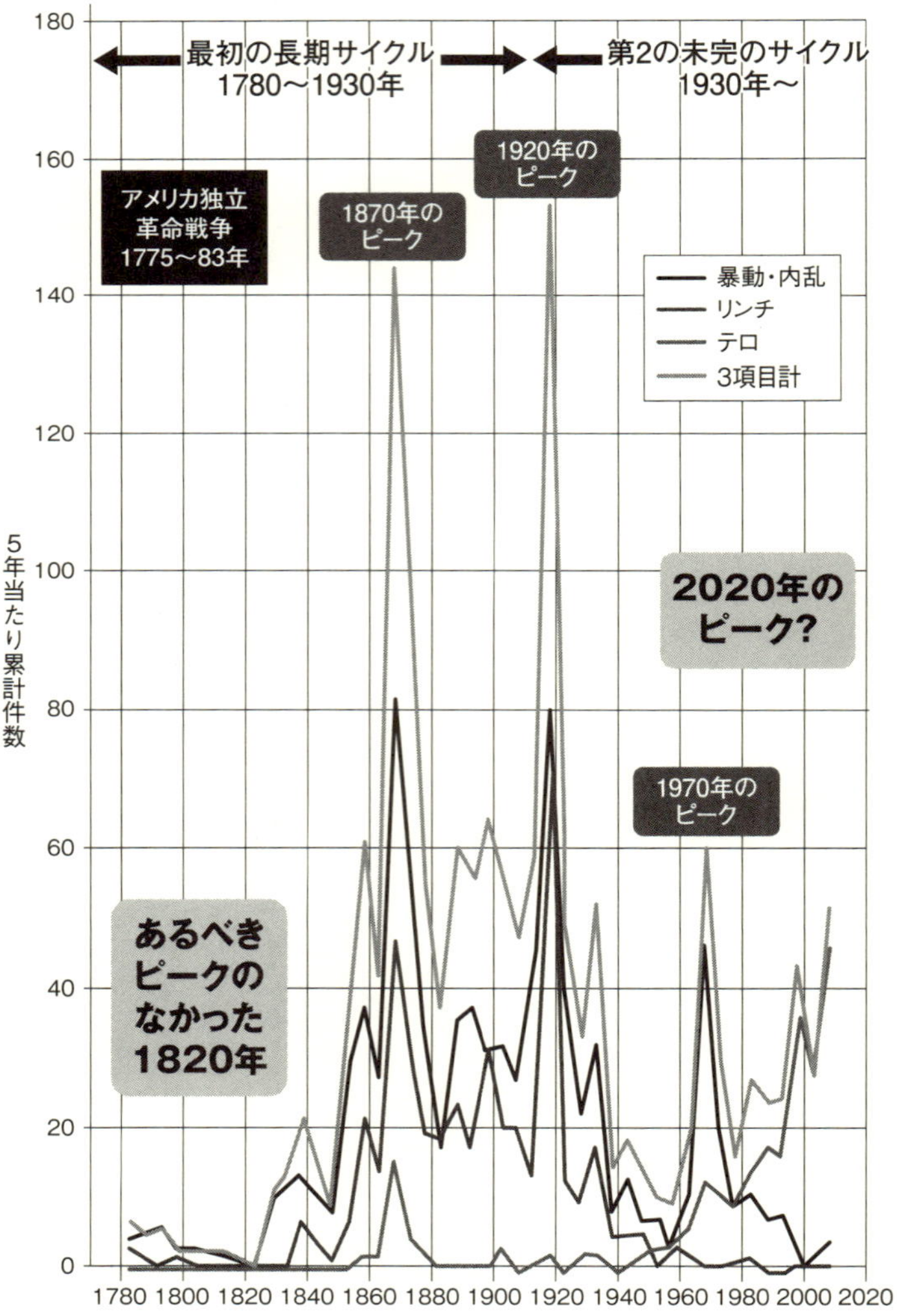


出所：ウェブサイト『Evonomics』、2017年1月28日のエントリーより引用

ろう。

また南北戦争前の奴隷制が合法的だった時代に、南部の町で通りすがりの黒人をリンチにしたりしたら、ほぼ確実に白人農園主の誰かが所有していた貴重な資産を損壊したことになる。道義的責任はともかく、かなり高額の損害賠償を要求されたことは確実だ。だが黒人奴隷が自由身分になった南北戦争以後は、南部の白人ばかりか中西部の白人も、西部太平洋岸やロッキー山脈沿いの各州の白人も、「白人女性に微笑みかけた」とか「反抗的な目つきをした」とかの他愛ない理由でじつに簡単に黒人をリンチしていた。

黒人が白人の飼っている家畜を傷つけたら「死刑」というローカルルールが存在していた自治体も多かった。自分に襲いかかってくる馬や牛に対して棒切れを振って身を守ったら、たまたまその動物が傷ついたため、縛り首になって高い木の枝からつるされている若い黒人女性の写真も残っている。ようするに黒人をリンチしても誰かに損害賠償をする必要がない世の中になっただけで、旧奴隷州ばかりか旧自由州でも黒人に対するリンチが激増したのだ。

1920年のピークは第一次世界大戦の終結と密接に関連している。はじめは参戦しないと言っていたウッドロー・ウィルソン大統領（在任1913〜21年）がその後参戦を決めたとき、この行動を正当化するために中国人や日本人などのアジア系ばかりか、南欧系、東欧系の移民たちに対しても、非常に排外主義的な危機意識をあおる発言をくり返した。

その結果、急速に移民排斥《はいせき》熱が盛り上がり、1920年代だけで3度の移民法改悪があった。19世紀末から20世紀初頭にかけて年間100万人に達していた移民数が、1920年代後半にはたった3000人程度にまで絞りこまれる。ただ正規の手続きを経た移民数の絞りこみでは、まだるっこしいという連中は自主的な移民制限に出た。たとえばクリーニング屋を開業している中国からの移民をリンチで殺すなどの過激な手段で急速な移民数の削減に乗り出した。

1970年代はいわゆるフラワーチルドレンの時代で、白人の中でも比較的富裕な家庭の子女が黒人やヒスパニック系の人たちにも白人同様の待遇を要求する運動を活発化させた。主としてプアホワイトからなる沈黙する多数派（サイレント・マジョリティ）は、こうした風潮を心から嫌悪していたが、当時すでに現在の「政治的に正しい」発言をしなければならないという社会的圧力は強まり、黒人のことをニガーと言えばそれだけで社会的信用を失うような時代になっていた。こうして言いたいことも言えなくなった白人男女、どちらかと言えば中高年の低所得層が公民権運動に参加した白人、黒人、ヒスパニックの混じった若者集団を取り囲んで暴行することが頻発していた。

なお1820年にあるべきピークがなかったというこのグラフの指摘については、ほんとうにそうなのか疑問が残る。当時の南部奴隷州では人間を動産として所有することが合法的だった。そして大勢の奴隷を使役する大農園では、どうしても従順にならない暴れ馬や暴れ牛を殺処分するように反抗的態度を変えない奴隷が処分されることはあっただろう。ただそれはリンチとはみなされず、奴隷の保有者が資産を最適なかたちで処分したというだけのことだった。

2020年のピークには、どうなっているのだろうか。といっても、もう来年のことなのだ。黒人やヒスパニックの人々はすさまじい経済差別にもかかわらず、比較的冷静かつ楽観的に近未来を見ている。現状で所得中央値は白人の約6割、資産中央値にいたっては白人の約1割にすぎない。だが、これから先もほぼ同一能力で同じ仕事をしているのに、給与水準が歴然とちがうという世の中が長つづきするはずがないと確信しているのであろう。

一方、プアホワイトには深刻な悲観論者が多い。もう白人は白人であるがゆえに、同じ仕事をして黒人やヒスパニックより賃金が高い状態がつづくはずがないことを知っている。

これからは所得格差も資産格差も縮んでいくだろう。都市暴動や社会騒擾の主役になるのは、マイノリティよりプアホワイトだろう。

## 1964年の東京オリンピックの場合

さて、2020年は2回目の東京オリンピックが開催される年でもある。「オリンピック不況」という言葉があって、オリンピックを開催した国は、開催当年あるいはその翌年の経済成長率が落ちこむことを指している。ただ北京オリンピックが開催されるまでは、この言葉はオリンピック開催の反動で、若干直後の成長率が低下するが、また元のペースを取り戻すという程度の軽い意味でつかわれてきた。

その典型が今にして考えれば何もかもうまくいった1964年に開催された東京オリンピックだった。東京オリンピックの開催7年前から5年後のGDP成長率実績をチェックすると、開催当年まで順調に世界平均を3～7パーセンテージポイント上回るGDP成長率を確保してきた日本が開催後1年目だけ5・1%成長と、世界平均より0・5パーセンテージポイント低い実績に落ちたのだ。だが開催後2年目以降は、4～6パーセンテージ

## 1964年以降のオリンピック開催国のGDP成長率、開催7年前～5年後

| % | 1964年東京 | 1968年メキシコ | 1972年ミュンヘン | 1976年モントリオール | 1980年モスクワ | 1984年ロサンゼルス | 1988年ソウル | 1992年バルセロナ | 1996年アトランタ | 2000年シドニー | 2004年アテネ | 2008年北京 | 2012年ロンドン | 2016年リオデジャネイロ | 2020年東京 |
|---|---|---|---|---|---|---|---|---|---|---|---|---|---|---|---|
| 7年前 | 7.6 | 5.0 | 5.2 | 5.3 | 7.7 | 4.6 | 6.2 | 2.3 | 3.6 | 4.1 | 3.6 | 8.3 | 2.8 | -0.3 | 1.4 |
| 6年前 | 6.7 | 4.7 | 2.9 | 2.6 | 4.8 | 5.6 | 7.3 | 3.3 | 1.9 | 4.0 | 3.4 | 9.1 | 2.6 | 7.5 | 0.0 |
| 5年前 | 9.2 | 8.1 | -0.3 | 4.1 | 2.6 | 3.1 | 10.8 | 5.5 | -0.3 | 4.0 | 3.4 | 10.0 | 3.6 | 2.7 | 0.5 |
| 4年前 | 13.1 | 11.9 | 5.5 | 5.4 | 6.2 | -0.3 | 8.1 | 5.1 | 3.4 | 4.0 | 4.5 | 10.1 | -1.0 | 0.9 | 1.0 |
| 3年前 | 11.7 | 6.6 | 7.5 | 7.0 | 5.2 | 2.5 | 6.8 | 4.8 | 2.9 | 3.9 | 4.2 | 11.3 | -4.0 | 3.0 | 1.5 |
| 2年前 | 8.8 | 6.1 | 4.9 | 3.7 | 5.1 | -2.0 | 10.6 | 3.8 | 4.1 | 4.5 | 3.4 | 12.7 | 1.8 | 0.1 | 0.7 |
| 1年前 | 8.4 | 5.9 | 3.0 | 1.8 | 3.4 | 4.5 | 11.1 | 2.5 | 2.3 | 5.0 | 5.9 | 14.2 | 1.0 | -3.7 | |
| 開催年 | 11.5 | 9.4 | 4.3 | 5.2 | 4.9 | 7.2 | 10.6 | 0.9 | 3.8 | 3.8 | 4.4 | 9.6 | 0.3 | -3.5 | |
| 1年後 | 5.1 | 3.4 | 4.8 | 3.5 | 5.3 | 4.1 | 6.7 | -1.0 | 4.5 | 1.9 | 2.3 | 9.2 | 2.2 | 1.0 | |
| 2年後 | 10.5 | 6.5 | 0.3 | 4.0 | 7.6 | 3.4 | 9.2 | 2.4 | 4.4 | 3.9 | 5.5 | 10.4 | 2.9 | 1.1 | |
| 3年後 | 10.4 | 3.8 | -1.3 | 3.8 | 4.7 | 3.2 | 9.4 | 2.8 | 4.9 | 3.2 | 3.5 | 9.3 | 2.3 | | |
| 4年後 | 12.6 | 8.2 | 4.9 | 2.2 | 4.0 | 4.1 | 5.9 | 2.4 | 4.2 | 4.1 | -0.2 | 7.8 | 1.8 | | |
| 5年後 | 12.1 | 7.9 | 3.0 | 3.5 | 1.4 | 3.6 | 6.1 | 1.9 | 1.1 | 3.2 | -0.1 | 7.7 | 1.8 | | |

## 同開催国GDP成長率の対世界平均格差、開催7年前～5年後

| % | 1964年東京 | 1968年メキシコ | 1972年ミュンヘン | 1976年モントリオール | 1980年モスクワ | 1984年ロサンゼルス | 1988年ソウル | 1992年バルセロナ | 1996年アトランタ | 2000年シドニー | 2004年アテネ | 2008年北京 | 2012年ロンドン | 2016年リオデジャネイロ | 2020年東京 |
|---|---|---|---|---|---|---|---|---|---|---|---|---|---|---|---|
| 7年前 | | 0.7 | 0.3 | -0.6 | 1.1 | 0.6 | 4.1 | -1.5 | -0.2 | 2.5 | 0.0 | 6.5 | -0.7 | 1.8 | -1.0 |
| 6年前 | | -0.9 | -3.0 | -0.6 | 3.0 | 1.3 | 6.9 | 0.0 | -0.8 | 0.9 | 0.9 | 7.0 | -1.5 | 3.5 | -2.6 |
| 5年前 | | 2.9 | -4.7 | 0.1 | 1.7 | -0.9 | 8.2 | 2.1 | -1.6 | 1.1 | 0.0 | 7.3 | -0.4 | -0.1 | -2.0 |
| 4年前 | | 5.3 | -0.5 | -0.2 | 1.1 | -2.1 | 3.5 | 0.5 | 1.6 | 0.8 | 0.2 | 6.1 | -2.4 | -1.3 | -1.4 |
| 3年前 | 7.4 | 1.0 | 1.6 | 0.4 | 1.2 | 0.5 | 3.0 | 1.1 | 1.3 | 0.2 | 2.4 | 7.8 | -1.8 | 0.6 | -2.1 |
| 2年前 | 3.3 | 0.2 | 1.8 | 1.9 | 0.8 | -2.4 | 7.4 | 1.1 | 1.0 | 2.1 | 1.3 | 8.6 | -2.2 | -2.5 | -3.0 |
| 1年前 | 3.2 | 1.4 | -1.1 | 0.9 | -0.6 | 1.9 | 7.7 | 1.2 | -0.3 | 1.6 | 3.2 | 10.2 | -1.8 | -6.2 | |
| 開催年 | 4.9 | 3.4 | -1.3 | 0.1 | 3.1 | 2.6 | 6.0 | -0.9 | 0.5 | -0.4 | 0.4 | 8.2 | -1.9 | -5.0 | |
| 1年後 | -0.5 | -2.5 | -1.7 | -0.5 | 3.3 | 0.3 | 3.0 | -2.6 | 0.8 | 0.1 | -1.2 | 11.4 | -0.2 | -2.6 | |
| 2年後 | 4.6 | 3.3 | -1.5 | -0.3 | 7.2 | 0.2 | 6.5 | -0.8 | 2.0 | 1.8 | 1.4 | 6.4 | 0.3 | -2.6 | |
| 3年後 | 6.0 | -0.3 | -2.2 | -0.2 | 2.1 | -0.3 | 8.1 | -0.1 | 1.5 | 0.4 | -0.5 | 6.5 | -0.2 | | |
| 4年後 | 6.5 | 2.6 | -0.2 | 0.3 | -0.6 | -0.5 | 4.1 | -0.8 | -0.1 | 0.1 | -0.2 | 5.6 | -0.6 | | |
| 5年後 | 6.2 | 1.3 | -1.0 | 1.5 | -2.4 | -0.2 | 4.6 | 0.2 | -0.7 | -0.3 | -1.0 | 5.3 | -2.0 | | |

ポイントと開催前とほぼ同様の大きな差をつけて世界経済成長のけん引役を務めつづけた。「オリンピックを開催した事実以外には説明のしようがない突然の成長率低下と、そこからの急回復」。これが本来の意味での「オリンピック不況」だった。

1988年開催のソウルオリンピックも同様だった。開催直前までほぼコンスタントに世界平均より4〜8パーセンテージポイント高いGDP成長率を記録しつづけたが、開催年だけ平均より3ポイント高いだけにとどまり、開催後1年目以降はまた4〜8ポイント高い成長率を維持している。

## 中国はメッキがはがれただけ?

ところがギリシャや中国の場合はまったく様相がちがう。ギリシャはオリンピック開催3年後の2007年以来、ユーロ圏のお荷物だったことが歴然とする低いGDP成長率しか記録できていない。具体的に良かったのは、約1・5ポイント世界平均より上のGDP成長を記録したオリンピック開催後2年目だけ。あとはずっと世界平均より0・5〜1・0ポイント低い成長率にとどまっている。だが、これはもう経歴詐称をしてユーロ圏にもぐりこんだころから当然予測できていたことで、とくに驚きはない。

中国の北京オリンピック開催前後計13年間のGDP成長経路は、一見ギリシャとは比べものにならないほど立派だった。開催7年前から6年後までの計13年間で、中国の実質GDP成長率は少なくとも世界平均より5ポイント高く、最大では11ポイントも高くなっている。だが、中国の経済統計には大きな疑問がつきまとい、この公式統計をどの程度信頼していいのかはのちに述べるように不明だ。ただ毎年ほぼ同じような程度の水増しが行われているとすれば、傾向はあまり大きくまちがえずに把握できるはずだ。

北京オリンピック開催後1年目の２００９年は国際金融危機のどん底に当たり、世界全体のGDP成長率がマイナスという異常事態になっていた。その中で中国は９・２％の実質GDP成長を確保し、世界平均との格差も11・４パーセンテージポイントと13年間で最大になった。だが開催後2年目以降の世界平均に対する成長率格差はつねに5〜6パーセンテージポイント台にとどまり（少なくとも6ポイント）、ほとんどの年で7〜11ポイント世界平均を上回っていたオリンピック開催前に比べて成長率が鈍化している。

このようにオリンピック開催後、数年間つづけて成長率が開催前より低くなるのは、「オリンピック不況」というより「地金が出た」とか「化けの皮がはがれた」と形容すべきだろう。オリンピック開催までなんとか維持していた成長率が無理なものだったため、開催後傾向的に成長率鈍化がつづくというパターンだ。

そもそも中国の実質GDPの統計がまったく信用できない点に関しては、衆目の一致するところだ。たとえば日本でいう都道府県に当たる省と自治区、直轄市その域内総生産の合計が、必ず国内総生産の総額より高い。どう考えても地方から上がってきた数字は水増しされている。それを中央官庁の連中は知っているので鉛筆なめなめ、あるいはキーボードをカチカチ叩いて、このへんが妥当なところだろうという水準に修正しているのだ。だから、国内総生産の数字はまったく大ウソだと考えていたほうが安全だ。

その時々の国家主席が「これからは7％代後半にする」と言えば、そのとおりの数字が出てくるし、「6・5％前後を目標にする」と言えば、6・5％前後の数字が出てくる。もともと水増しされた数字を、「こんなによくなっているはずはない」と勘で修正しただけの数字なので、当然国家主席のおっしゃったとおりの数字になる。

したがって、ずっと10％を超える成長がつづいていたとされる2002～06年のほんとうの成長率も、たぶん6～7％だっただろう。ということは、今も当時と同じように中央官庁の連中が実証データにもとづかず、勘で下方修正した数字を並べているならば、実態は2〜3％あたりの成長率に落ちているはずだ。

この点については、たとえば電力消費量統計や荷物の輸送キロトンなどを総合して考えると、ほぼまちがいなく2〜3％台まで下がっていると推定できる。ひょっとしたら、もうマイナス成長ギリギリの線まで下がっているかもしれない。

その節目になったのが、北京オリンピックだった。それまではだいたい公式発表ベースで10％前後の成長がつづいていたのだが、オリンピック開催年と、その翌年まではこの水準を維持しようと無理したため、その後は明らかに8％、7％台へと落ちている。

それは一過性のものではなく、どこかで成長率を半減させるほどの力が働いていたのだ。成長率が半減したことは確実だとして、本当に公式発表どおりに10％を超えるところから6〜7％に落ちたのか。そもそも6〜7％でしかなかった成長率が3％前後に下がったのか。あるいは、もともと3〜4％だった成長率が2％未満に下がったのか、そういう話になる。

アメリカ大統領トランプが強引に推進している米中貿易戦争は、たんに中国経済がいかに底の浅いものだったかを暴露するだけではない。過去20年近くにわたって一番成長していたアメリカもじつは予想外に中国への依存度が高かったことをさらけ出すだろう。

## 失敗を正直に減損会計すれば中国はすでにマイナス成長？

いずれにしても中国という国は、国内総生産の半分くらいを「投資」に使っている。「輸出」が15〜16％、「消費」は個人世帯と政府を合わせても30数％にしかならない。政府消費はおそらく5〜6％くらいだから、実際に国民が消費しているのは国内総生産の3割くらいしかないことになる。それが、どの程度のペースで成長しているのか。公式には6〜7％成長となっているが、実態としてはおそらく2〜3％程度だろう。

こうした過大計上が少なくとも過去20年程度はつづいていたはずなので、中国経済の規模が米ドル換算で約10兆ドル、アメリカのGDPの半分を超えているという話自体が幻だったことになる。まったく採算が合わない、国有企業が見栄で大きくしたような生産設備をどんどん建てていき、そこから上がってくる架空の「生産高」が投資の分だけ存続するという前提で見ているので、あれだけ大きな国民経済になったという話だ。

これをもし、ふつうに欧米諸国や日本で行っているように生産活動に寄与しなかった投資を減損会計を適用して、バランスシート上の価値を除却するという会計作業を正直にやっていたら、中国はすでにマイナス成長に入っているはずだ。

国民が生活していくためにまったく役に立っていない投資としか表現しようのない、人も自動車も全然通らない道路、対岸につながっていない橋、誰も住まない高層住宅群、テナントの入らないオフィスビルを、中国政府はそのまま放置している。百歩譲って放置することと自体、問題はないとしても、国民経済計算のバランスシートからは除却しないと、毎年行っている経済活動のうち、どれがどの程度ほんとうに国民の生活を豊かにするために役立っているのかが、わからなくなってしまう。

帳簿上の資産である限りは、昔行った投資がまったく生産に寄与していないのに除却されず、国内総生産もそれらが積み上がったままで、差し引かれることもない。ようするに役に立ったものも、役に立たなかったものも、すべて生産活動の一環として計上しているのだ。どこかで除却し、その分の損を出して、立て直さなくてはいけないのだが、それを行っていない。

つい最近、「終身国家主席」に成り上がった習近平が、やっと年間生産量が8億トンしかないのに設備として11億トン分ある粗鋼生産設備を1億トン分削り、不稼働資産を少し減らすと言いだした。まっとうな変革だが、この程度では焼け石に水だ。また、その程度のことをするにも、ほぼ全社が国有企業である中国鉄鋼大手企業と、これとつるんで甘い汁を吸っている官僚の抵抗も激しい。まったく採算の合わない馬鹿でかい生産設備はあまり取りつぶさず、結局のところ、民間で頑張っている採算が上がらなければ消えてしまうような中小をイジメて設備を縮小させるという悲惨なことになりそうだ。

中国経済は不稼働、低稼働の生産設備に対する大胆な減損会計を適用して、ドカンと大幅な資産圧縮で健全性を取り戻すか、このまま不稼働資産が生産活動に貢献しているふりをして当座をやり過ごすかの岐路《きろ》に立たされている。さいわい日本は中国にとってお気に入りの国ではないので、たとえば中国が世界各国から輸入している資源、原材料、中間財、最終消費財が突然半減したとしても、大きな被害は受けない。

だが中国への輸出にGDPの6％以上を依存している国々は、中国からの輸入総額が半減すれば深刻な被害を受けるだろう。具体的には、対中輸出がGDPの26・3％の台湾を筆頭に、ベトナム17・9％、シンガポール15・7％、マレーシア13・7％、韓国9・4％、チリ6・5％、フィリピン6・4％、オーストラリア6・4％となっている。

逆に対中輸出総額は大きいけれどもGDPに占めるシェア、つまり対中輸出依存度の低い国々を挙げていくと、アメリカ0・7%、イギリス0・8%、フランス0・9%、ブラジル2・3%、ロシア2・5%、ドイツ2・6%、インドネシア2・6%、日本2・8%、スイス3・8%、サウジアラビア4・2%となっている。ロシアは資源で、ドイツは工業製品で、もっと輸出を増やそうと思えば対中輸出依存度を高めることはできただろうが、さすがに慎重なスタンスで中国経済の突然の躓《つまず》きに備えている。

## 金融国家イギリスの惨状

ロンドンだけはじつに3回目となった2012年オリンピックのあと、少し回復したと話す人もいる。たしかにオリンピック後の実質GDP成長率の世界平均との差も、だいたい0・2~0・6ポイントのマイナスと低成長なりに安定している。また前節の対中輸出依存度で見ても依存率わずか0・8%と、一見健全な経済運営をしている印象がある。しかし、まったくそんな話ではない。イギリス経済は、アメリカ経済よりも金融一本かぶりの片肺飛行化がひどい。しかも2~3年前までは製造業は壊滅状態にしても、金融だけはどんどん儲かっていたのだが、最近はその金融業でさえあまり好収益を上げていない。

G7諸国については、多要素生産性（マルティプル・ファクター・プロダクティビリティ）とふつうの労働生産性に分けて、かなり精度の高い成長率比較のデータがある。「多要素生産性」とは、資本の高度化や技術革新などのかたちで生産性向上に寄与する要素を分けたうえで成長率を見る指標だ。そして1990年代から2013年までの通算実績でいえば、単純な労働生産性＝労働時間当たりの付加価値の額を見ても、多要素生産性を見ても、G7の中で一番高いのはアメリカだった。一方、イギリスはどちらを見てもG7諸国の中で最下位だった。

日本の学者たちは、とにかく日本は悪いという先入観に都合のいいように時期設定をしたり、悪い面だけを取り出したりして、「日本はこんなに悪い」と言いつづけている。しかしバブル崩壊後低迷がつづいていたはずの日本は、労働生産性を見ても、多要素生産性を見ても、アメリカに次いで2位だ。だいぶ1位との差はあるものの、少なくともマイナスにはなっていない。これは、G7の他の国のほとんどがマイナスになっていたり、極端に低いギリギリプラスの数字だったりしている中で大健闘といえるデータだ。

ロンドンの金融界は潤っている。そしてオリンピックを開催した都市としてのロンドンは、金融に特化している分だけ、非常にうまくいっているように見える。ところが目を転じれば、ロンドンの中でも昔は大企業で役職に就いていたような人がタクシー運転手をしていたり、多くの人がこれから先の生活費が稼げるかどうかといった半端仕事をしたりして、悲惨な生活を送っている。

ましてやイギリスの地方都市の惨状は目を覆うばかりだ。工業都市、港湾都市としてかつて栄えたマンチェスターやリバプールのような街は、本当に悲惨だ。いずれもサッカー以外では、まったくニュースを聞かなくなってしまった。慢性的な不況がつづいているので、市民生活がどれほど悲惨になろうが、ニュースにもならない。せいぜい暴動が報じられるだけなのだ。

もう一度、成長率を細かく時期を分けて見てみると、1995~2004年の時期はイギリスもけっこうよかった。アメリカがこの時期だけは2位で、イギリスが1位だった。この時期は金融化の弊害があまり表れず、いいところだけが表面に出ていた時期だ。しかし戦後すぐの1950年から2013年までという長い目で見れば、当然のことながら日本のパフォーマンスがアメリカも抜いて一番いい。期間ごとの成長率を複利計算してつなげてみればすぐわかる。戦後すぐから1970年代はじめまでの30年弱にわたって年率7%以上の実質成長を持続していた。しかも中国のような水増しの数字ではない。

その後も1972〜1995年、日本は冬の時代、バブル崩壊と暗いことばかりがあったように言われているが、G7の中では最高の成長率を保っていた。この時代は経済大国が軒並み新興国に成長率で負けていた時期（最高でも年率3％だから新興国に比べれば、たいしたことではない）だが、それでもG7では一番だった。

この点をしっかり押さえておかないと、現代日本経済に関する政策論争について深刻なまちがいを犯すことになる。たとえば「日本の労働生産性は欧米に比べて低い。だから日本経済を立て直すには、欧米型の大企業や金融業界に優しく、勤労者に過酷な『働き方改革』をしなければダメだ」といった議論についだまされてしまうのである。これは第二次世界大戦直後に、欧米諸国と日本の労働生産性が、どの程度の水準から出発したのかを無視した暴論だ。

終戦直後、日本の国土は荒廃し、生産設備も社会インフラも破壊されて、欧米に比べて極端に低い労働生産性から出発していた。しかし1945〜48年の混乱が収束してから1980年代末までの日本は、いわゆる日本型労働慣行を維持しながら、急速に欧米の労働生産性へのキャッチアップをつづけていた。このキャッチアップ過程が1990年代はじめには途絶えてしまったのは、バブル崩壊で自信を失った日本企業の経営者たちが欧米のマネをするようになったからだ。

1995~2004年は、イギリスがとてもよかった時代だ。そして反対に金融に特化した国がよかった時代には、日本は苦戦する。コテンパンにやられるといってもいい。

しかし、国全体の経済が不振なのに金融業の羽振りはいいという傾向は、国民全体にとって幸福なのかというと、これは絶対に不幸だ。金融業の勝つ世の中は、一握りの高額所得者にはすばらしい環境だが、それ以外のほとんどの勤労者にとって高額所得者が増えれば増えるほど、自分たちの所得が実質ベースで削られる経済だからだ。

世界全体が金融化したときには、一番パフォーマンスがよかったのがイギリスで、二番目によかったのはアメリカだった。それくらいイギリスという国は金融業だけに依存した片肺飛行が定着してしまった。これから先、どうなるか。当然、貧富の格差はどんどん広がっていく。そうなると、イギリスで生まれ育った移民第2世代、第3世代の若い人たちがテロに走ったり、IS(イスラム国)に義勇軍として参加したりするようになってしまう。

そもそも製造業の地盤沈下が進み、消費者支出に占める製品の比率が15~20%程度でしかなく、サービス支出が70%以上というときに、金融業が儲かっているのがおかしいのだ。金融業の役割は、製造業各社がなるべく巨額の資金を調達して、生産設備の拡大を図ることが国民生活を豊かにするうえで非常に役立った時期にこそ重要だった。

だが、サービス業主導の経済では、製造業大手がどれほど巨額の資金をどれほど有利に調達できるかは、国民が豊かになるためにそれほど重要な役割を果たしていない。こういう経済環境の中で、中国のように不採算投資、低採算投資をやみくもに増やして帳面だけの高成長を維持する国は必ず破綻《はたん》する。そのときGDPの対中輸出依存度が6%を超えるような国は大きな痛手を受けるだろう。

中国政府首脳の覚えがあまりめでたくないので、日本は国民経済の規模に比べれば比較的少額の対中輸出しかできていない。これは、まちがいなく今後3~5年のうちに中国経済が大収縮をする（実際には今までプラスの価値を持つとされてきた不稼働資産を不稼働資産として評価しなおすだけなのだが）際に、非常に大きな強みとなる。逆に台湾、ベトナム、シンガポール、韓国といった国々は大きな衝撃を受けるだろう。

第二章

# 第二次世界大戦後、戦争は戦争もどきと化した

第二次世界大戦後の世界は、明らかにそれ以前とまったくちがう世界となっている。何がちがったのかというと、ほぼ2つにまとめることができ、しかもこの2つの変化は相互に密接な関連があると思う。

# 戦争とイズムがそろって、たそがれを迎える時代

1つ目は、戦争が軍事力の強いほうに有利なゲームではなくなったことだ。軍備にカネをかければかけるほど、戦争に勝つ確率が高まるわけでもなく、戦争に勝った側が負けた側よりも国内政治においても、外交においても有利な立場を確保できるわけでもなくなった。むしろ戦場では惨めで無様な負け方をしたほうが国際世論を味方につけやすく、戦後の外交交渉なども有利に進めやすいのが掛け値のない実態だ。

実際に武力を行使して戦争に勝つには、莫大な費用がかかる。敵国が強ければ強いほど、その費用はふくらんでいく。一方、負け戦にそれほど費用はかからない。極端な話、派手に宣戦布告をしておいて敵国が攻めてきたと同時に全面降伏をしてしまえば、軍備などまったくなくても負け戦はできる。

さらに敗戦は自主的な判断だけでできるが、勝利は（敵国を完全に地上から抹消するほど大きな軍事力を投入しない限り）敵国側の同意、つまり降伏の意思表示なしにはできない。

自主的な判断だけで自分が取るべき行動を選べる側と、相手側の出方に自分の行動が制約される側では、コントロールできる側のほうが有利だ。

2つ目は、主義主張、思想信条という意味でのイズムという接尾辞の価値がとんでもないインフレを起こしていることだ。インフレとは貨幣に対する需要量を上回る貨幣供給が行われたために、（円でも、ドルでも、ユーロでも、人民元でもいいが）貨幣1単位の持つ購買力が下がることをいう。昔より高い金額を払わなければ、同じものを買うことができなくなるわけだ。

イズムという接尾辞がついた言葉についても、まったく同じような供給過剰現象が起きている。イズムのついた言葉が語られる回数が増えれば増えるほど、そこに込められた主義主張、思想信条の価値は低下する世の中になっている。

トランプ旋風が巻き起こり始めた2015年ごろからメディアで語られる頻度が一番上昇したイズムは、おそらく大衆迎合主義（ポピュリズム）だろう。しかも、その語られ方は「本来貧しく虐げられた人々は団結してもっと公平で平等な社会を目指すべきなのに、安っぽい自尊心をくすぐることのうまいデマゴーグの発する大衆にこびへつらう言辞に惑わされて、保守的、反動的な政策を支持している」といった否定的な文脈に乗ったものが大半だ。そして「ファシズムやナチズムが広範な大衆を戦争に駆り立てたように、ポピュリズムの隆盛がまたぞろ戦争の頻発を招くのではないか」といった懸念も高まっている。

だが私は、ポピュリズムとは主義主張とか思想信条という意味でのイズムの価値が極限まで希薄化し、風化したイズムだと思っている。その時々、その場その場で聴衆の気に入りそうな発言をする大衆迎合主義とは、ほとんど主義主張とか思想信条とかには譲れないはずの原則性がないイズムなのだろう。結局のところ主義主張とか思想信条という意味でのイズムは、人間がものを考える能力に被せる拘束衣のようなものだ。そんなものにとらわれないほうが人間は自由に、そして現実に即した考え方ができるのではないだろうか。

もう1つ、西欧諸国の興隆とともにイズムが氾濫《はんらん》した15世紀末以降の世界で忘れてならないのは、ファシズムとかナチズムとかの知的エリートのお気に召さないイズムだけではなく、人道主義とか、平等主義とか、自由主義とか、社会主義とかの彼らのお気に入りのイズムもまた、大勢の人間を戦争に駆り立てたという事実だ。インドの大英帝国からの独立に際してガンジーが提唱し、ネルーに受け継がれた平和主義はインドを平和な国にできただろうか。ほんとうに残念なことだが、むしろイスラム教を奉ずるパキスタン、バングラデシュ、仏教を奉ずるスリランカとの亀裂を深める結果となってしまったのではないだろうか。

アメリカのトランプだけではなく、北欧、東欧、中南米のさまざまな国でトランプ的なポピュリズムを掲げる国家元首が誕生している。だが、もし彼らが国民を戦争に駆り立てようとしたら、国民はおとなしくついて行くだろうか。少なくともポピュリズム自体は、戦争で自分の命を危険にさらしてまで守らなければならないほど、ご大層な主義主張でも思想信条でもなさそうだ。

## 犠牲者の人数を見れば、戦争が第二次世界大戦でピークアウト

第二次世界大戦まで戦争は国民国家の正規軍同士の正面戦が主体であり、軍事力と経済力において優位に立つ側が実際の戦闘行動で敵国により大きな損害を与える構図が確立されていた。劣勢に立たされた側は人命や資産の損失がつづけば社会が崩壊する危機に直面することとなり、結局は降伏を余儀なくされた。

いったいどこが変わったのか、現代世界で起きている戦争もまったく同じように展開し

ているではないかと思われる人もいらっしゃるだろう。だが、それは昔の戦争の印象があまりにも強烈だったので、現代の戦争を見るときにも昔の戦争と同じという思いこみにとらわれているだけなのではないだろうか。

実際に戦史をひもといても、第二次世界大戦を起点にさかのぼっていけば、前章で取り上げた15世紀末からのヨーロッパ諸国の世界征服がほぼ完成する時代まで一貫して軍事力・経済力の強い側が勝つという戦争がくり返されていた。だが、それ以前になると、経済力では弱いが軍事力、とくに結集・散開の機動力に優れた遊牧民族系の国家が経済的には豊かだが軍事的な機動力に欠ける農耕民族系の国家群に対する大侵略戦争を展開した時期もあった。

つまり戦争が経済力と軍事力の双方で圧倒的に強い国々、具体的にはヨーロッパの列強とアメリカにとって有利な紛争解決手段だったのは、近代市民社会と市場経済が西欧諸国に定着し始めた15世紀末から20世紀半ばの第二次世界大戦までのことだった。この500年強の期間は経済力の高さはほぼ例外なく軍事力の高さをもたらし、結局のところ経済力で先行する西欧諸国と、そこから派生したアメリカが政治・経済両面にわたる世界覇権を維持してきた。

## 戦闘行為による死者数のトレンド、1900～2005年

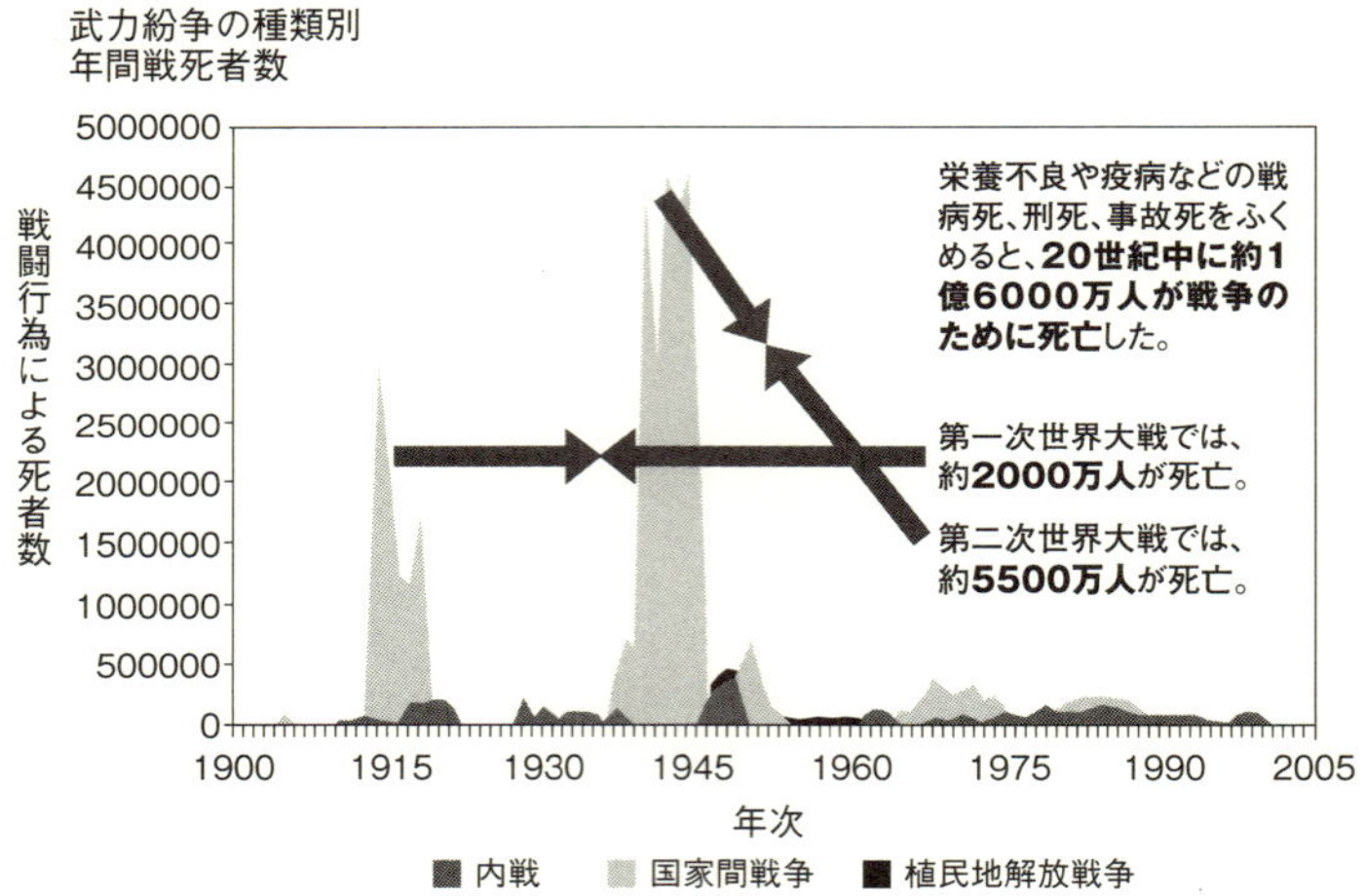


原資料：オスロ国際平和研究所内戦研究センター

しかし、この軍事力・経済力における優位が戦争での勝利につながり、戦争での勝利は自国に有利な政治社会的な枠組みを敗戦国に押しつけることを可能にするという構造は、第二次世界大戦後に一変した。この変化の大きさを一目で実感できるグラフがある。上の図表をご覧いただきたい。

20世紀に起きた2つの世界大戦を壮大なピークとして、戦闘行為による死者数は大激減に転じているのだ。戦闘行為による死者数とは民間非戦闘員もふくめて、敵軍の砲撃、空襲、民間商船の撃沈などの作戦行動によって亡くなった人たちの人数だ。もちろんグラフ中の書きこみにもあるように

栄養不良や疫病による戦病死、刑死、事故死もあるので、戦争の犠牲者はもっと多くなる。

とにかく20世紀前半の2つの世界大戦による戦闘行為による死者数だけでも第一次の2000万人プラス第二次の5500万人で計7500万人、もっと広い意味での犠牲者数が合計1億6000万人。この数値は19世紀末までのあらゆる戦争、そして20世紀後半以降のあらゆる戦争の犠牲者数に比べてケタちがいに大きかった。

18世紀末のフランス革命への近隣諸国の介入に端を発し、19世紀はじめには逆にナポレオンによるヨーロッパ大陸征服戦争となった一連の戦争でも、犠牲者数は490万人にとどまっていた。この数字を当時の世界人口推計値で割ったナポレオン戦争犠牲者率を、現代世界の人口に掛け合わせれば約1000万人となるが、それでも第一次世界大戦の犠牲者数のほぼ半分だ。

アメリカでは現在でも「戦前、戦後」というと、それは1860年代前半に起きた南北戦争の前と後との比較になる。アメリカ国民にとって南北戦争はそれほどインパクトの大きな戦争だったが、このアメリカ史上最大の内戦の犠牲者数は82万人だった。

なお3～4世紀の西ローマ帝国滅亡での犠牲者数、唐代中国の安史の乱による犠牲者数、モンゴル族のユーラシア大陸征服戦争の犠牲者数などは、現代世界の人口に対する比率でいえば、何億人というレベルに達すると考えられている。だが犠牲者数の推計が困難であることとともに、戦争状態の持続した期間もまた厳密に確定することができないことを考え合わせると、１９１４〜18年、１９３９〜45年という、合わせてたった12年間にこれだけの犠牲者を出した両世界大戦はやはり異常な現象だったと考えるべきだろう。

## 人類は悲惨な災厄から何ごとも学ばないほど、愚かではない

戦争犠牲者数データは、明らかに近代的な工業技術の発展が可能にした大量生産が武器弾薬分野に及ぶと、その被害がいかに深刻なものとなるかを示している。だが第二次世界大戦後の世界情勢を見ると、人類はこの２つの大戦から何らかの教訓を学んだ可能性が高いことがわかる。次ページ図表の上下２段組グラフに表れているとおり、第二次世界大戦後の犠牲者数は両大戦期に比べてはるかに低い水準にとどまっているのだ。

上段は人口10万人当たりの犠牲者数となっているので、実数がわかりにくい。だがまだ

## 戦争は確実に減っている（人口10万人当たり戦死者数）

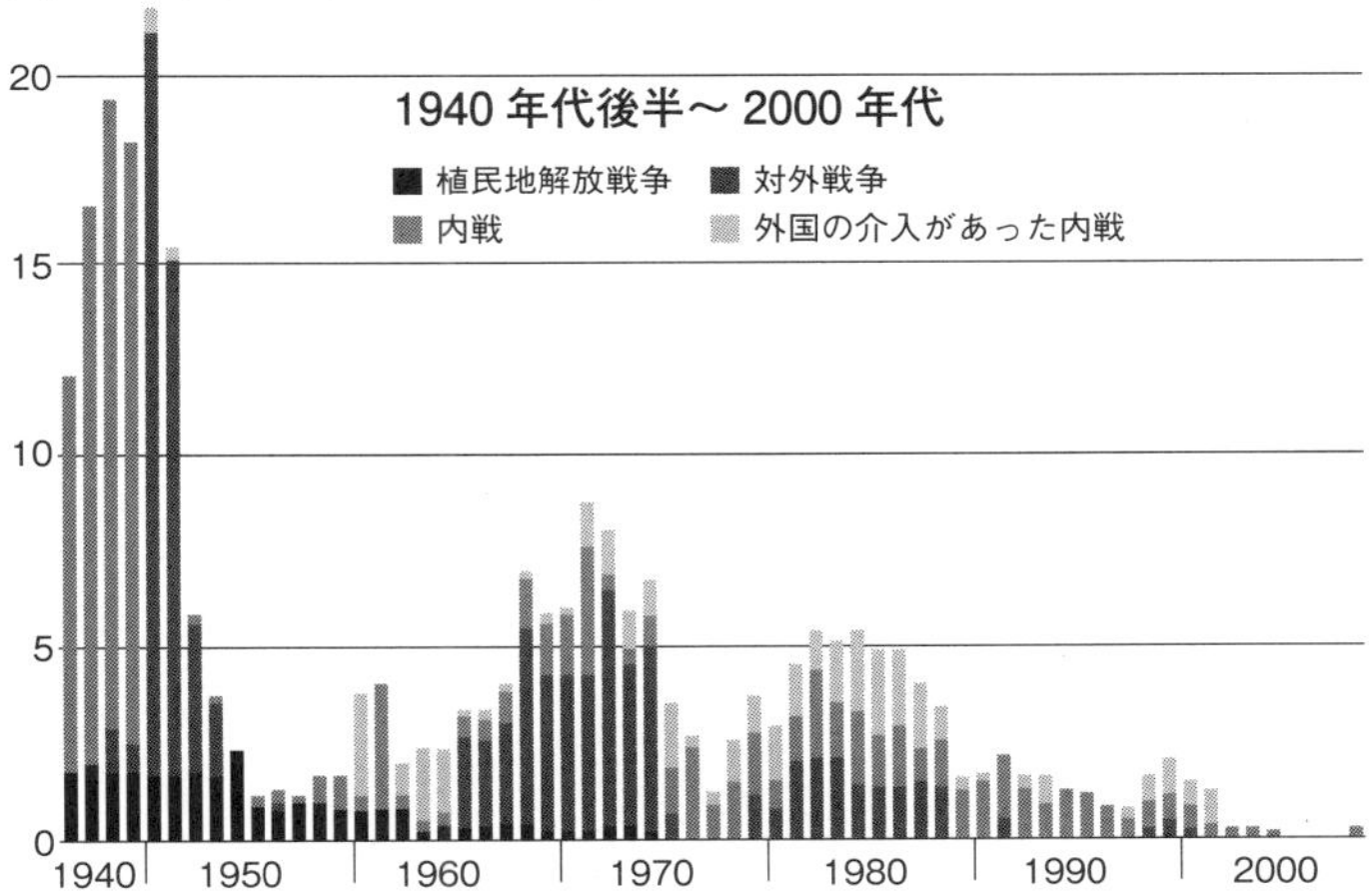


## 第二次大戦後の武力紛争犠牲者の地域別内訳、1946～2006年

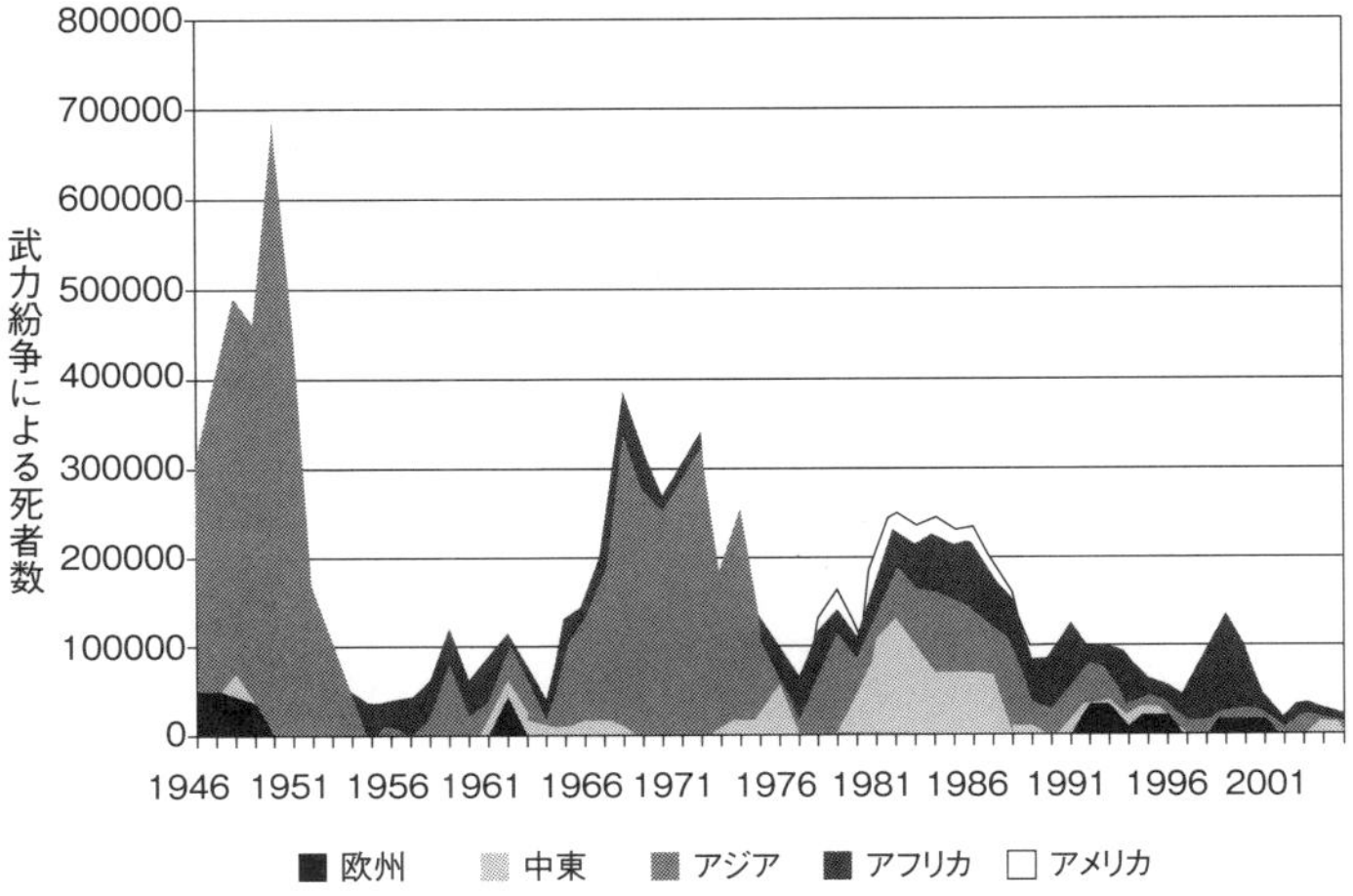


原資料：上下ともサイモン・フレーザー大学「人間の安全性に関するプロジェクト」、ウプサラ大学「紛争データプロジェクト」、オスロ国際平和研究所

中国の国共内戦が完全に終わっていないうちに、朝鮮戦争が本格化していた1950年が突出したピークだったことはわかる。そして下段に目を転ずると、この1950年の犠牲者数が約70万人で、ベトナム戦争がもっとも熾烈《しれつ》だった1960年代のピークは約40万人、さらに1980年代のピークは約25万人とピークのたびに水準が下がっている。

この第二次世界大戦以降の犠牲者数激減を、どう考えるべきだろうか。戦争で失われる人命がとくに参戦国にとって大きな痛手となるのは、兵士の大部分がまだ青年層に属していて、平均余命も長く、平和な暮らしができていればかなりの所得を得て社会を豊かにするはずであった時期に命を奪われるからだ。現代世界で子ども・若年層の死因で2位以下を大きく引き離して首位となっているのは、交通事故だ。直近のデータを見ると、2018年12月に世界保健機関が発表した全世界の交通事故死者総数は、2016年1年間で135万人だった。

事故で亡くなるのと戦闘行動で亡くなるのでは、かなり意味がちがう。だが、とにかく犠牲者数という尺度で1年当たりの人数を比較すれば、現代世界で戦争が奪う人命は交通事故が奪う人命の4分の1か、5分の1の水準に下がっている。

また下段の地域別内訳を見ると、ほんの少しヨーロッパや南北アメリカ大陸でも犠牲者が出ているが、どちらも旧ソ連東欧圏、あるいは中南米諸国中心である。富裕な国が自国内で多数の死傷者を出すような戦争は、第二次世界大戦を最後にほとんど終息している。つまり20世紀も後半に入って、世界はようやく「金持ち喧嘩《けんか》せず」という程度の知恵を身につけたようだ。次ページの上段は、戦闘行動による死者数を２０１２年までアップデートしたものだ。さらに下段の年表を見ると、１９９１年以降に限定したうえでだが、その傾向がはっきり読み取れる。

それはまたアフリカでもかなり生活水準の低い国々が集中しているサハラ以南のような、もともと貧困にさいなまれている国々の人たちが戦争犠牲者の大半を占めていることも意味する。それでなくとも経済発展が順調に進まない国が若年層の働き手を戦争で失うことによって、さらに苦境に陥るという悪循環が形成されている。これは絶対に軽視してはいけない問題だ。

正直なところ、いわゆる最貧国の多くでその国の総人口との対比であまりにも大きな人命の損失がひんぱんに起きている現代社会について、解決策を考えることはむずかしい。経済が悪循環に陥っている状態の悲惨さをよく知っているだけでは、好循環に持ちこめる

## 戦闘行為にかかわる死亡者数、1946～2012年

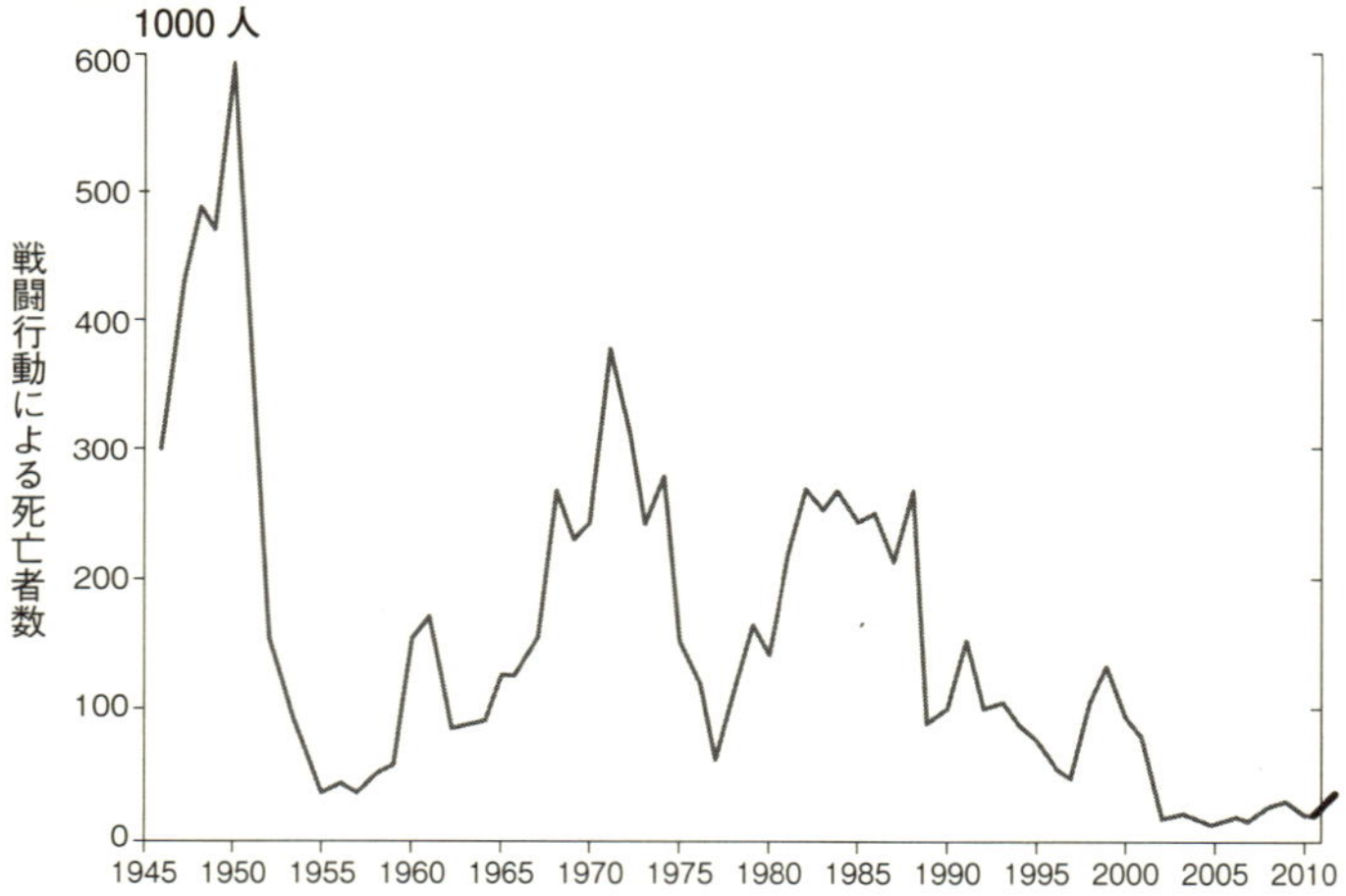


原資料：ウプサラ大学紛争データプロジェクト

## 1991年以降に関する注記

**1991**：湾岸戦争クウェート解放のための多国籍連合軍によるイラク侵攻（犠牲者数8万5000名、以下同じ）
**1991～97:コンゴ・キンシャサ内戦（80万名）**
**1991～2000：シエラレオネ内戦（20万名）**
**1991～2009：ロシア・チェチェン戦争〔内戦〕（20万名）**
**1991～94**：アルメニア・アゼルバイジャン戦争（3万5000名）
**1992～96**：タジキスタン内戦（5万名）
**1992～96：ユーゴスラビア戦争（26万名）**
**1992～99**：アルジェリア内戦（15万名）
**1993～97**：コンゴ共和国内戦（10万名）
**1993～2005：ブルンジ内戦（20万名）**
**1994：ルワンダ内戦（90万名）**
**1995～**：パキスタンスンニ・シーア戦争（1300名）
**1995～**：ネパール毛沢東主義者の内乱（1万2000名）
**1998～：コンゴ・ザイール戦争**――ルワンダ・ウガンダ対ジンバブエ・アンゴラ・ナミビア（**380万名**）
**1998～2000**：エチオピア・エリトリア戦争（7万5000名）
**1999**：コソボ解放戦争――NATO対セルビア（2000名）
**2001～**：アフガニスタン解放戦争――米英対タリバン（4万名）
**2001～**：ナイジェリア政府対ボコハラム戦争（1700名）
**2002～**：コートジボワール内戦（1000名）
**2003～11**：第二次湾岸戦争米英豪対サダム・フセイン体制とシーア派民兵、スンニ派過激派（16万名）
**2003～09：スーダン政府対正義平等運動（30万名）**
**2004～**：スーダン政府対スーダン人民解放軍・エリトリア（?）
**2004～**：イエメン政府対シーア派 （?）
**2004～**：タイ政府対イスラム系分離主義者（3700名）
**2007～**：パキスタン政府対タリバン（3万8000名）
**2012～**：米軍実戦部隊撤退後のイラク内戦（?）
**2012～**：シリア内戦（13万名）

出所：ウェブサイト『The Wars and casualties of the 20th and 21st centuries』より引用

ようにと努力する誘因にはならないのかもしれない。だが近隣諸国を見渡してもほとんど好循環の実例に出くわさないような国々が、なんとか戦争という破滅的な手段に訴えずに自国をもっと豊かにしようと努力するきっかけは、いったいどこに見出せるのだろうか。

残念ながら、ここではこの疑問を疑問のままにしておく。少なくとも一定の生活水準が確保できるようになった国々が、自国の人命が大量に失われるという犠牲を覚悟のうえで戦争に突入することがほとんどなくなったのはなぜかを考えていこう。

## 「核兵器がもたらした恐怖の均衡」理論はほんとうか？

なぜ20世紀後半の世界で、これほど顕著に富裕国が自国民に大勢の死者が出る戦争を避ける傾向が顕著になったのだろうか。よく持ち出されるのが、「恐怖の均衡」理論だ。

つまり2つの超大国、アメリカとソ連がどちらも核兵器という在来兵器に比べて圧倒的に高い戦力を持ってしまった。これを先制攻撃に使えば敵方を壊滅させることもできるが、万一ほんの一瞬でも先回りして逆先制攻撃をかけられたら、こちらが壊滅するかもしれない。

そこでお互いに核兵器は使わないという暗黙裡《り》、あるいは明示的な限定戦争への合意が成立する。だが、そうすると通常兵器であまりにも一方的に敵を叩いてしまうと、敵は合意を破って核攻撃をしてくるかもしれない。だから核をふくめて大きな戦力を持つ国ほど通常兵力を用いた戦争にも消極的になるという論理だ。

これは、かなり無理をしてアメリカよりはるかに低い経済力で、なんとか軍事的にはアメリカに対抗できる戦力を維持しつづけたソ連には当てはまるかもしれない。だが朝鮮戦争当時の総司令官マッカーサーの「北朝鮮と中国の大都市に原爆を投下せよ」という言動を見ても、キューバ危機に際してのケネディのフルシチョフに対する瀬戸際外交を見ても、アメリカにはあまり当てはまらない気がする。

さらに現代にいたるまでアメリカはユーラシア大陸からかなり離れた場所に国土があることを利用して、第二次世界大戦後の先進国としては異常なほど多くの戦争にかかわってきた。そこを考えても、核兵器の存在自体が先進諸国の戦争に対する抑止力になっていたという議論には説得力がなさそうだ。

# 第二次世界大戦後の武力紛争での軍事大国の戦績は惨めだ

ここで第二次世界大戦以降、国際的武力紛争にかかわってきた国々がどんな「戦績」を挙げたのかを振り返ってみよう。非常に大ざっぱな言い方になるが、軍事力の強い側は戦闘行動自体でも勝率は低く、政治・外交的にはつねに不利だった。「それはいくらなんでも大げさではないか」とおっしゃる向きもありそうなので、戦後も唯一ひんぱんに戦争にかかわってきた先進国アメリカを例にとって、戦績表を作ってみた。80ページの図表だ。最初の項目である「関与した武力紛争」という表現は、戦争だけではなく特務工作によってクーデターなどを起こさせた事例もふくんでいるのだろう。そうでなければ68件とはさすがに多すぎるはずだ。ただ勝利件数0件には誇張《こちょう》はないといえる。

アメリカが戦後最初にかかわった大規模武力紛争は中国の国共内戦だ。これは国民党に投入した兵器や資金の量ではソ連がきびしい懐事情の中からかろうじてやりくりして中国共産党に渡した分をはるかに上回っていたはずだが、惨敗した。つづく朝鮮戦争はなんと

## 第二次世界大戦後アメリカのかかわった「戦争」の費用・便益分析

| 項目 | 数量・比率 |
|---|---|
| 第二次世界大戦後アメリカが関与した武力紛争中の「勝利」件数（反戦サイトAntiwar.comによれば紛争関与件数は少なくとも68件） | 0件 |
| アフガニスタン派兵後の経過年数 | 17年 |
| アフガニスタンで指揮を執った総司令官人数 | 17人 |
| アフガニスタンで発生した2017年1年間だけの「安全保障」事由件数 | 2万3744件 |
| アフガニスタン領土中のタリバン実効支配地域比率（2018年6月現在） | 44％ |
| アフガニスタンをはじめとする戦場での「対テロ戦争」総費用 | 3兆ドル |
| 2019年度のアフガニスタン戦線に投下予定の国防予算請求額 | 4630億ドル |
| 2002年にラムズフェルド国防長官が「5日か、5週間か、5ヵ月で終わる」と豪語したイラク駐留を今もつづけている兵員数 | 約5000名 |
| それでもなお、軍に信頼を寄せているアメリカ国民の比率 | 74％ |

出所：ウェブサイト『Zero Hedge』、2018年10月24日のエントリーより作成

か引き分けに持ちこんだ。次のベトナム戦争は延々とつづいたが、結局完敗に終わった。

まあ2度にわたる湾岸戦争を別々に計上すれば、第一次でクウェートの油田地帯を占領していたイラク軍をクウェートから追い出したところまでは勝利していた。だがその後、大量殺戮兵器を用意しているという触れこみでイラクに乗りこんでフセイン政権を倒し、サダム・フセインを死刑にさせた第二次湾岸戦争は個別戦闘では勝ったが、戦争には負けた典型的な例だろう。

その下の8項目は、なんともお粗末な内容だ。アフガニスタンにソ連軍が侵攻してきたときには「自由の戦士」とおだてていたアフガニスタンの過激派イスラム教徒を相手にア

メリカ軍が行った侵攻作戦は、ソ連の場合とはちがってさすがにアメリカ合衆国自体の崩壊は招かなかった。しかし長つづきしている分だけみっともない数字が並んでいる。侵攻後17年間で17人の総司令官が着任した（つまり1年に1度ずつ総司令官の首をすげ替えなければならなかった）が、それでも国土の半分近くはタリバンによる実効支配をくつがえせていない。

アフガニスタンとのからみでいえば、経済はともかく軍事的には超大国だったソ連が東欧圏を道連れに地上から消滅してしまうきっかけとなったのも、軍事力だけで見れば簡単に圧勝できそうなアフガニスタンへの武力侵攻がきっかけだった。１９７８年にクーデターによって成立した共産主義政党、人民民主党政権に反対して、イスラム教徒たちがムジャヒディーンという抵抗運動を始めた。

この抵抗運動を、正当な手続きを経て成立した友好国の政権への（中国、パキスタン、アメリカの支援を受けた勢力が起こした）内乱と見たソ連は、アフガニスタン政府の要請で出動したことになっている。だが簡単に鎮圧できるはずだったイスラム勢力は士気も高く、兵器も潤沢に支給されていて、結局ソ連自体が崩壊にいたる直前の１９８９年まで泥沼のような戦争に足を取られたままだった。

さらにポルポト率いるクメールルージュが政権を握ったカンボジアでは、知識人と都市を絶滅させる恐怖政治が行われていた。ベトナムがこの政権に対する介入戦争に突入したとき、中国はベトナムによる友好国カンボジアへの侵略と見て、対ベトナム「懲罰」戦争を始めた。中国の公式見解では、ベトナム北部のいくつかの都市を占領し、十分な罰を加えたうえで帰還したことになっている。

しかし人民解放軍はベトナム軍の主力がカンボジア戦線に貼り付いていた時期にベトナム領内に侵攻し、急遽《きゅうきょ》結成されたベトナム義勇軍相手にごく小さな戦果を挙げただけで、ベトナム軍の主力が対中国戦線に投入される気配を察知してあわてて逃げ帰ったという、かなりみっともない負け戦だったのが真相らしい。このころはまだ人民解放軍には文化大革命の余韻《よいん》が残っていて、指揮官と配下の兵卒の身分のちがいや、指揮命令系統の概念自体が反革命的だといった風潮が支配的。たとえば戦場で指揮官が死傷して指揮を執れなくなったとき、誰が代わって指揮を執るかといったことさえ、決まっていなかったようだ。

とにかく第二次世界大戦後は、軍事力の強弱から戦争の帰趨《きすう》を判断するとまちがうことが非常に多い世の中に変わっていた。

アメリカはすでにアフガニスタン、イラク、リビアなどで総額3兆ドルにものぼる費用をかけたのに事態は好転せず、2019年度はアフガニスタンだけでさらに4630億ドルの予算を計上している。また米軍を中東から即時全面撤退させるという公約を掲げて大統領選に勝ったドナルド・トランプは、当選後急速にイスラエル寄りにスタンスを変えてしまった。この5000名のイラク駐屯部隊も、期限を切らずに段階的に縮小していくと主張するにとどまっている。

それでもなお最後の項目で見るようにアメリカ国民の米軍への信頼は厚い。あとで説明するように第二次世界大戦後のアメリカ政治は、徐々にロビイストの言いなりで有力産業の大手企業にとって都合のいい法律制度を制定する国民の大半に不利益の多い方向に傾斜しつづけている。だから、せめて軍隊だけはもう少しまっとうな組織であってほしいという願望がからんだ高い評価なのだろう。

## 分水嶺となったのは、イギリスとアイスランドが戦ったタラ戦争

軍備が充実している側が戦闘行動で勝つとは限らないし、戦闘行動で勝った側が国際世

論において勝者となるとは限らない。私が見るところ、この方向への分水嶺となったのは、アイスランドがイギリスを向こうに回して戦った「タラ戦争」という、ほとんど冗談のような戦争だった。１９５８〜76年と足掛け19年もつづいた長期戦だったが、戦場での勝ち負けと、その国際世論への影響は、文字どおり死力を尽くして勝利のために第二次世界大戦を戦った国々にとって唖然《あぜん》とするようなものだった。

イギリスの漁船団は、長年にわたってアイスランド近海で大量のタラを漁獲していた。当時は各国の領海は、慣習的に海岸線から4カイリ（1カイリは正確に１８５２メートル、地表で緯度1度分に相当する距離）と決まっていた。アイスランド国民にとって海岸線から約7・4キロとすぐ近くの目視できるところで、イギリス籍の大型漁船がごっそりタラを持っていくのはしゃくに障る光景だった。

そこで海軍がないのでもちろん戦艦1隻さえ持たないアイスランドは、無謀にも日本で言えば海上保安庁の巡視艇（日本の巡視船は戦艦といえそうな立派な装備を有している）をくり出してイギリスの漁船の網を切ったり、航路を妨害したりした。当然、イギリス海軍の戦艦が漁船の護衛に出動することとなった。ドイツ、日本の海軍はほぼ壊滅し、ソ連軍は核兵器の開発に総力を集中していたので、１９５０年代末の時点ではイギリス海軍はまだアメリカに次いで世界第2位の戦力を持っていた。

アイスランド側も巡視艇に鋼板を貼ってにわか仕立ての装甲を施し、その銃眼からライフル銃を撃ったりしたが、当然イギリス海軍の戦艦にも漁船にもほとんど損害を与えることはできなかった。「装甲」巡視艇で戦艦に体当たりしても、敵艦にはなんの影響もなく、自艇は座礁《ざしょう》寸前で自力航行不能となり、曳航船《えいこうせん》でかろうじて港にたどり着くというありさまだった。

イギリス海軍としては「身の程知らずのバカどもが」と鼻で笑っていたかもしれないが、国際世論の動向はまったくちがっていた。それまでなるべく広い公海を確保して自由航行ができることを望む海洋大国と、なるべく領海を広くしてその中での海洋資源を独占したい資源小国とのあいだでなかなか決着がつかなかった領海と公海との線引きが、一挙に小国有利に傾いていったのだ。

いったいなぜ国際世論は一方的にアイスランドの肩を持ったのだろうか。イギリスの拙劣で傲慢《ごうまん》な外交スタンスが一因であることはまちがいない。1952年に結成された欧州石炭鉄鋼共同体（ECSC）が、のちにEUに発展するEECに改組されたのがタラ戦争の勃発した1958年だった。しかしイギリスはこれに対抗する動きを見せ、実際に翌々

1960年には欧州自由貿易連合（EFTA）を結成している。

これでEEC参加国の大半を敵に回したうえに、その後条件次第ではEECと合流する意思もあることをほのめかしてEFTAメンバーの大半、とくに資金力のあるイギリス漁船団が自国近海で操業する可能性を懸念していたノルウェーをかんかんに怒らせてしまった。つまりイギリスはヨーロッパ諸国の大半の支持を期待できない状態で、アイスランドとの武力紛争に入り、国際会議にも臨んでいたのだ。

ただ、それは決定的な要因ではなかった。第一次世界大戦後結成された国際連盟が第二次世界大戦の勃発を防ぐにはあまりにも無力だったのを教訓にして、アメリカを参加させ、総会決議は国の大小にかかわらず1国1票で行われることを標榜《ひょうぼう》して、国際連合が1945年に発足した。設立当初からのメンバーは51ヵ国だったが、その時点でもおそらく半数を超える加盟国は近隣の強国に武力で侵攻されたら自国を守り切ることはできない、経済・軍事両面での弱小国だった。

その後1950年代から60年代半ばにかけて加盟国が激増し、直近では193ヵ国が加盟している。遅れて加盟した諸国は原メンバー国よりさらに弱小国の比率が高く、おそらく8割以上は近隣の強国による武力侵攻をつねに警戒しているが、いざ侵略されたら有効

## アイスランドの領海→排他的経済水域拡大、1958～76年

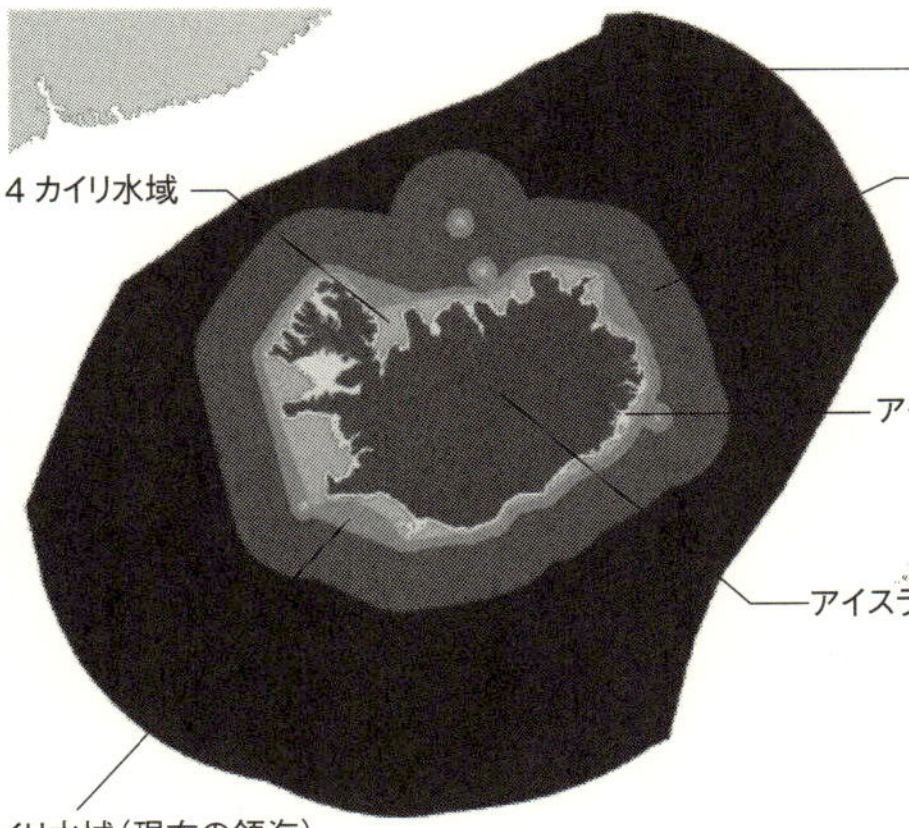


タラ戦争が勃発した1958年には、大日本帝国海軍・ドイツ第三帝国海軍は消滅し、ソ連は核戦力でアメリカにキャッチアップすることで手一杯だったため、大英帝国海軍は世界第2位の戦力を有していた。

これに対し、アイスランドは戦艦を1隻も持たなかったので、沿岸警備艇に装甲を施して英国軍船にライフル銃による銃撃を行ったり、体当たりを敢行したりしたが、まったく歯が立たず、軍事行動では終始惨敗を喫していた。

しかし、国連でもヨーロッパ諸国でも、世論は圧倒的にアイスランドに好意的で、領海の拡大や新たに設定した排他的経済水域の定義などでは、一方的にアイスランドに有利でイギリスに不利な方向で決着した。

理由の一端は、イギリスがちょうど1958年に設立されたEEC（EUの前身）に加盟せず、自国中心のEFTAという対抗組織を設立しようと画策していたこと（1960年に実現）によって、ヨーロッパ大陸のほとんどの国から批判されていたこと、その後はEECにすり寄る姿勢を見せたために、ノルウェーなどの数少ないEFTA参加国からも見放されたことなどがある。

だが、基本的に無賠償・無併合（戦勝国は敗戦国に対し賠償や領土の割譲を要求できないこと）が原則として認められた第二次世界大戦後の国際政治においては、戦争に勝つことのうま味がほとんどなかったという事実が大きい。

出所：ウェブサイト『Wikipedia』、「タラ戦争」のエントリーより引用

な反撃手段を持ち合わせていない国々のはずだ。

こういう環境で討論と決議が行われる以上、軍事強国と軍事小国のあいだで武力紛争が起きた際の国連での討論と決議は、ほとんど例外なく軍事小国に有利に展開する。前ページの地図に書きこまれた補足説明をお読みいただきたい。

その結果、領海域の4カイリから12カイリへの拡大が行われ、船舶航行、上空での飛行機航行は自由だが、海中・海底資源は設定した国家が独占権を有する排他的経済水域という概念が当初50カイリで導入され、のちに200カイリに拡大される。タラ戦争を通じて、領海、排他的経済水域の設定が一方的にアイスランド側に有利なものとなったのだ。

## 戦争に勝つことが実益をともなわない世界

ここであらためて、戦争がほんものの戦争とは思えないほど「勝者」に不利なゲームとなった理由を5つにまとめてみた。以下のとおりだ。

1　豊かな国ほど戦時に兵士として動員されることが多い若年層（具体的にはだいたい15～35歳）の総人口に対する比率が低下すること。これについてはグナル・ハインゾーン著・猪股和夫訳『自爆する若者たち――人口学が警告する驚愕の未来』（2008年、新潮選書）を典型として「ユース・バルジ」、すなわちこの年齢層の人口に占める比率が高い国ほど戦争を起こす可能性が高いという側面ばかりが強調されがちだ。だが、むしろユース・デント（若年層のへこみ）、つまりこの年齢層の人口に占める比率が低い国は軍隊もひとり息子やひとりっ子中心に構成されることが多く、実戦に関与したがらないし、実戦に関与しても生命の危険をともなう任務を回避したがるという傾向のほうがはるかに重要なのではないか。まあ、こちらに焦点を当てたのでは、あまりセンセーショナルな売れゆきの期待できる本にはならないかもしれないが。

2　経済の工業化はピークを過ぎ、大量生産装置・大量輸送機関・大量殺戮兵器に「規模の経済」が働く時期を過ぎ、「規模の不経済」を招いていること。1970年代まで経済全体をけん引していた第二次産業（製造業、鉱業、建設業、電力・ガス供給業

――ただし電力・ガス供給は国によっては第三次産業にくることもある）が、１９８０年代には主導権を第三次産業（卸売・小売、飲食店、医療・ヘルスケア、不動産、金融・保険、狭義のサービス業など）に譲りわたした。

第二次産業では規格化し画一化された製品を大量生産するほど製造コストが下がり、同業他社に対する優位が高まるという、いわゆる「規模の経済」が顕著だ。したがって、各産業内の大手各社を設備投資競争に駆り立てる傾向が強い。

だがサービス業主導の経済では、多様な趣味・嗜好を持った消費者にどれだけ多様なサービスを提供できるかという「範囲の経済」のほうが重要になる。一握りの大手企業同士の設備投資競争より、中小零細企業が独自性を持った経営を維持できることのほうが重要だ。またエネルギー資源や金属資源などの天然資源の経済全体に及ぼす影響も低下する。この事実が各国の経済のみならず社会全体にどういう変化をもたらすかは、次章で検討する。

3

過去20年間にわたって世界中の中央銀行が必死に取り組んだリフレ政策は、資産インフレを起こすことはできても、物価インフレを起こせていない。これが何を意味するかというと、国債で調達した戦費の元利返済負担を戦後インフレで大幅に軽減する手が使えなくなったということだ。大規模な戦争に参戦した諸国は、ほとんど例外なく、とうてい税収だけでは賄いきれない軍備拡大を、国債の増発つまり借金によって実現する。だが借金はいずれ返さなければならない。インフレの世の中なら、返済期限が長引けば長引くほど、同じ額面の借金の実質負担は目減りする。つまりインフレは一部だけとはいえ借金を踏み倒すことを可能にする金融環境なのだ。

だがゼロインフレでは元利返済負担は減らないし、もしデフレになったら元利返済負担は増えてしまう。世界中の有力中央銀行がこれだけじゃぶじゃぶ貨幣供給を増やしても、一向に物価上昇率が上がる気配はない。つまり借金で軍備を増強して戦争を行っても、元利返済負担を戦後インフレで縮小する手法が使えない可能性が高いのだ。この金融環境は、かなり有効な戦争抑止力として働く。

半面、なかなか物価インフレが起きないという、つねに借金を抱えた金融業界には不利な環境の中で、なぜ少なくともアメリカの金融業界は我が世の春を謳歌《おうか》しているのだろうか。そして、これは持続可能な繁栄なのだろうか。この謎を第四章で解明する。

## 4

無賠償・無併合の講和が世界標準となって、戦勝国にほとんど経済的なメリットがなくなった。もともと「無賠償・無併合、民族自決」は第一次世界大戦終結に向けて、ロシア革命に勝利したばかりのレーニンが提唱した講和の条件だった。1916年の大統領選は「我々の子どもたちを戦場に送るな」というスローガンで再選を果たしたのに英仏側に立って参戦することにしたウッドロー・ウィルソン大統領は、この重大な公約違反を正当化するための口実としてレーニンの講和原則を取り入れた。

しかしヴェルサイユの講和会議では、英仏の金融業界からの「もしドイツから賠償を取れなければ、我々のアメリカに対する債務も履行できない」という脅しに屈して、結局莫大な金額の賠償金をドイツに課すことで講和を実現させることになった。この時点ですでにJ・メイナード・ケインズは「ドイツからの巨額賠償取り立てには、ドイツによる復讐《ふくしゅう》戦という高い代償がついてくる」と警告していた。事態はこの予測どおりの展開となった。そこで第二次世界大戦の戦後処理に関しては、敗戦国に賠償金を課すことはほとんど話題にもならなかった。

つまり勝てば敵国から巨額の賠償金を取れるとか、貴重な資源が埋蔵されている敵の領土を占領できるとかの経済的利益を求めて戦争を仕掛けることは、意味をなさない時代になっているのだ。イラク・イラン戦争で人口規模でも経済力でもはるかに強大なイラン相手に善戦したイラクのフセイン大統領は、ごほうびにクウェート領内の油田地帯を占領するぐらいのことは大目に見てもらえるのではないかと思っていたのかもしれない。

だが、その後アメリカ占領下のイラク政権によって死刑に処されても、ほとんどどこからも同情の声が上がらなかった。たとえクウェートのような石油成金国家がまったく無防備であったとしても、軍事占領を押し通そうとする国への国際世論の風当たりは非常にきびしいことがわかる。

じつは第二次世界大戦以降も、戦争によって占領した土地に居座ったまま、「ここは我々の領土だ」と言い張って、もとからその土地を平和に占有していた人たちを追い出したり、極端に劣悪な環境に閉じこめたりしている国がある。１９６７年の第三次中東戦争に勝って占領したガザ地区の沿岸航行権と航空管制権を今も手放そうとしないイスラエルだ。

イスラエルは、戦後を通じてアメリカからの経済・軍事双方にわたる援助額が断トツのトップとなっている。だが覇権国家アメリカの全面的な支援にもかかわらず、イスラエルのガザ地区封鎖は軍事的な勝利が政治的な敗北を招く典型的な事例と見なすユニークなイスラエル側の軍事アナリストもいる。シモン・ツァバルという人で、当人は晩年「ヘブライ語を話すパレスチナ人」と自称していたようだが。

5 「1国1票」の国連総会決議は、つねに軍事・経済における弱小国に有利な方向で出る。国連加盟193ヵ国中8～9割は経済・軍事上の弱小国で、近隣の強国が武力で侵攻してきたら、自国を守る有効な手段を持っていない。

第5点に関しては、1～2ページには収まらない補足説明が必要だろう。なぜしょせん「人気投票」にすぎない国連総会決議が政治・外交で大きな力となるのだろうか。その背景には、20世紀が映像の世紀とも呼ばれるほど映像を記録として定着させ、再生させる技術が急速に発達した事実があった。

## 軍事力の強弱より イメージ喚起力が勝敗を決する戦争もどき

1950年代末から60年代というと、まだアメリカ以外ではテレビは普及していなかった。しかし当時は、劇場で上映される映画がまさに全盛期を迎えていた。劇場の中で大勢の人間が同じ映像を見て、必ずしも論理的な思考を経てではないが、イメージの連鎖によって一定の方向に感情を動かされるのは、多くの映画監督が本能的に理解していた事実だった。

当時最新の話題作をロードショー上映していた封切館では、本編と次回ロードショー作品の予告編だけしか上映されないケースが多かった。だが一般庶民が安上がりの娯楽を求めて入る2本立て、3本立て映画の常設館では、予告編以外にだいたい短編ニュース映画も上映されていた。ニュースといっても話題は見栄えのする派手なものに限られ、美人コンテストとか、サーキットをレーシングカーがコマネズミのように巡回するレースの模様とか、あまり深刻ではない自然災害とか、兵士の死体が散乱しているような凄惨《せいさん》な場面は抜きの武力衝突とかが多かった。

そのころヨーロッパの映画館では、アイスランドのにわか仕立ての装甲巡視艇がイギリスの戦艦に体当たりする場面などは、何度となく上映されていたのではないだろうか。

そして自分は安全な暗闇の中で映像だけを見ている観衆の心に生起する感情は、圧倒的に「負けているほうがかわいそうだ」というものだったはずだ。この判官びいきの心情と1国1票の国連決議はほぼ一貫して弱小国に有利な採決となる事実が結びつくと、軍事大国が小国に対して武力を行使すれば、それだけでほとんど理由を問わずに大国の横暴となる。

不思議なのは、こうした第二次世界大戦後の戦争に対する見方の変化が、つい最近までアメリカの政治経済をけん引する知的エリートたちにまったくといっていいほど認識されていなかったことのほうではないだろうか。結局、1990年代ごろまで権力の中枢近くにいた知的エリートは製造業や伝統的なタイプの金融業でのし上がってきた人たちで、大量生産が豊かさと軍事的強さにつながり、豊かで軍事的に強い国は自分たちの思いどおりに世界を動かせると確信していたのだろう。

しかし、おそらくアップル創業者スティーブ・ジョブズを最後に、自分が発明あるいは改良したモノの独創性で大企業を育て、巨万の富を得るという人間はいなくなった。表計算のエクセル、文字処理のワード、プレゼン資料のパワーポイントといったオフィス用ソフトの抱き合わせ販売で成功したマイクロソフトのビル・ゲイツをはじめ、最近のスター起業家は「モノづくり」よりイメージづくりに特化している。

一方、モノづくりに特化した工場労働者や農家は何年好況が持続しようと実質賃金は低下し、じりじり生活水準を下げざるをえなくなっている。それ以上に重要なのは、伝統的な製造業の大手企業の大部分が資産の売り食いで高い株価を維持しながら、刻々とゆるやかな死滅に近づいている事実だ。

現代アメリカ社会を牛耳る超の字のつく大富豪の中に、イメージづくりを本業とする連中が増えているのは事実だ。彼らはイメージ操作の怖さを熟知しているので、1980年代ごろには当然察知していなければならなかったはずの戦争の意味の変化を遅まきながら悟っている。そこで戦争の脅威を盾にして暴利をむさぼる軍産複合体の利権構造そのものにも異議を唱え始めたのではないだろうか。

だが超大富豪たちのあいだでどちらが多数派かと言えば、まちがいなく合法的な贈収賄をなりわいとするロビイスト集団によって固く結びつけられている製造業や伝統的金融業と政治家や高級官僚たち、そして文官、武官を問わず国防総省の幹部たちからなるネットワークのほうだ。このネットワークを解体する時間は、もうアメリカ文明には残されていないだろう。

さて第4点、無賠償・無併合の講和のところでちょっとだけ前触れを書いておいたユニークなイスラエル人軍事アナリスト、シモン・ツァバルの主張をご紹介しよう。ツァバル自身は1926年生まれ。ユダヤ人の国家をパレスチナ半島に樹立すること自体が連合国側にも敵視されていたころから筋金入りのイスラエル独立論者で、第二次世界大戦中に対英テロ活動にも従事していた。その後、晴れて建国されたイスラエルでは第一次から第三次の中東戦争に従軍している。つまり書斎派ではなく、実戦派の軍事アナリストなのだ。

## 「負けるが勝ち」を究極まで突き詰めたツァバルの戦争論

ツァバルの主著は『戦争に勝ってはいけない本当の理由《ワケ》――白旗原理主義あるいは「負けるが勝ち」の構造』（2003年、バジリコ社）だ。この本の核心にあるのは、イスラエルが軍事的には圧倒的な勝利を収めた第三次中東戦争（六日戦争）によって、イスラエルは「国際世論の支持を一気に失った」（同書16ページ）という事実を徹底的に掘り下げて、戦争に関する一般理論を打ち立てようとする努力だ。そうやって到達した結論は、戦争ではつねに勝利より敗北を目指すべきだという、読みはじめたばかりの読者には皮肉か逆説としか思えないものだ。

要するに理論と実践のどちらから見ても、達する結論は1つなのだ。敗北なかりせば、勝利なし。勝利を決めるのは敗北だが、敗北は勝利に関係ない。つまり敵の同意や協力なしに「自分でできる（ドゥ・イット・ユアセルフ）」ことが敗北である。反対に敵の敗北か降伏かがどうしても必要で自分だけではできないこと、それが勝利である（32ページ）。

そして、どういう軍隊を育てれば、どんな敵と戦っても必ず負けることができるかを大まじめに検討する。

戦場で崩壊（敗北または降伏）がまぬがれない軍隊には、次のような特徴が見られる。
（1）兵士の士気が低く、絶望している。
（2）兵士が飢えている。
（3）兵士が疲れきっている。
（4）兵力が減少している（予備兵がいない）。
（5）武器が使いものにならない（あるいは弾薬が払底した）。（72〜73ページ）

次の一節は、大日本帝国陸軍の悪名高い古参兵による初年兵いじめなどが、理屈はわからないながらも、かなり的確に最弱・必敗の軍隊づくりに邁進《まいしん》していたことを示唆している。

入隊した新兵は可能なかぎり手荒に扱って、志気を低く保たねばならない。屈辱を与え、自尊心を踏みにじり、信用や名誉を奪い、……面目をつぶす。これを続けていると、新兵は誰が敵なのかわからなくなる――有刺鉄線の向こうにいるやつらなのか、それとも自分たちを指揮している者なのか。……新兵に対する屈辱的な扱いは、終始徹底されるべきであって、伍長や軍曹、特務曹長の気まぐれにまかせてはならない。どんな些細なことでも兵士を不当に扱い、彼らが屈辱にまみれ、不満を抱くように配慮することが重要だ。(76ページ)

こういう細心の注意をおこたると、当然負けると思って参戦した戦争に勝ってしまうという失態を演じかねない。さらに、以下に引用するくだりは、私が第五章で提唱する国防論に関する重要なヒントになっているので、ぜひご記憶にとどめておいていただきたい。

劣悪な兵士を集めるには、良い兵士の条件と、その集めかたを知る必要がある。良い兵士とは、強靭な肉体と健全な精神を備えた、若くて健康な成人男性と昔から相場が決まっている。そうなると悪い兵士は、若くなく、不健康で身体が弱く、精神が不安定な者だ。我々が求めるのは、この条件を満たす兵士ということになる。(73ページ)

## 戦争もどき化は、主義主張、思想信条としてのイズム風化と並行

仕掛け、からくり、制度、機構としてのイズムは、かなり昔から存在していた。たとえばメカニズムとは、仕掛け、仕組み、からくり、機構といった意味の言葉だ。この単語を見て、「人間は一定の刺激に対しては機械のように一律な反応を示さなければならない」という主義主張を読み取る人は、まずいないだろう。だが不思議なことにネットなどでタダで検索できる英和辞書などを見ると、先に挙げたまっとうな和訳以外に機械論という訳語も載せている。

またメカニストとかマシニストというのは、誰が考えても機械工とか機械職人という意味しかないだろう。だが、ここでも「機械論者」という奇怪な訳語を併記する人もいる。ようするに比較的近い過去に英語を習い覚えた人ばかりで構成されている日本の英語話者たちにはもう、イズムといえば……主義、イストといえば……主義者という固定観念が刷りこまれているのだ。

そして国王から土地を分与された家臣は王の戦争に従軍する義務を負う封建制度（フューダリズム）のことも明治期日本の知識人は「封建主義」・「封建思想」と解釈して、主義主張を意味する言葉としてしまった。封建制度のもとで生きている人たちは、みな人間はかく生きるべきだと思ってこの制度に従っているという考え方は、とても危険だ。とくに世の中には、自分なりの考えを主義主張、思想信条にまで高められる人と、そこまで到達できない人がいるという価値判断をともなう場合には。

私が見る限りではイズムという接尾辞が主義主張や思想信条を意味する頻度が激増したのは、まず14~16世紀の宗教改革の時代だった。プロテスタンティズムの宗教改革と、カトリシズムの対抗宗教改革が激突し、ほとんどヨーロッパ中の国々を巻きこんだ宗教戦争になだれこんだ暗い時代だ。「ヨーロッパには絶対的な人格神、全知全能の唯一神という高度な宗教観が生まれたが、日本ではあれも神、これも神の低俗な汎神論《はんしん》にとどまった」と主張をする人たちは、その唯一神がどれだけ多くの戦争に人々を引きずりこんだか、理解したうえで言っているのだろうか。そして汎神論はほとんど戦争を始める口実にはならないことも。

そこで興味深いのは、知的エリートのお墨付きを得ていない宗派や教義は、heresy（異端）、sorcery（魔術）、witchcraft（まじない）とは呼ばれても、……イズムとは呼ばれなかったという事実だ。

そして主義主張・思想信条としてのイズムがふたたび氾濫するようになったのは、19世紀後半以降。政治・経済・社会をどう組織するべきかという世俗的な問題で、社会主義、無政府主義、共産主義、資本主義等々がからみ合って、これまた何度も人々を戦争に導いた。フランス革命は自由主義とか平等主義とかの崇高に見える主張もまた、立派に人間を戦争に駆り立てることを立証した。

中でもとくに弊害が大きかったのは、豊かさや幸せは国別対抗戦で決まると規定した国家主義（ナショナリズム）だろう。もしこれがほんとうなら知的エリートの能力が欧米・中国に比べて格段に劣る日本の大衆は救われないことになる。だが実際には堅牢極まる利権共同体を確立して貪欲さを制度化した知的エリートに支配されている欧米・中国の大衆より、愚鈍さを制度化した知的エリートには支配しきれないでいる日本の大衆のほうがはるかに幸せだ。

# まがい・もどきが跳梁跋扈する世界は「末世」なのか

20世紀後半から起きている戦争の戦争もどき化と並行して、あらゆる主義主張、思想信条も色あせ、魅力が薄れている。これは偶然の一致だろうか。主義主張、思想信条もまた戦争同様もどき化していると考えるべきではないだろうか。

だが主義主張、思想信条のような崇高な概念までもどき化してしまう風潮は、正邪、善悪の区別さえあいまい化してしまう末世なのだろうか。おそらく公理・定理・系の整然とした理論構造にこだわり、計量化がむずかしいものの価値を軽視する「原理主義」的な国々にとっては、そのとおりなのだろう。

だが主義主張、思想信条は、人間がモノを考える能力に着せる拘束衣のようなものではないだろうか。どんな問題を考えるときでも、特定の主義主張、思想信条を奉じている人たちは、自分の考えがその主義主張、思想信条に抵触しないようにという枠の中でしか考えることができない。

たとえば近代経済学はなかなかの重装備を着こんで、均質で大きさ、重さ、長さによって価格が自動的にはじき出されるモノの生産ばかりが重視される理論体系を築いている。だが、さまざまな分野から「規模の経済」重視の近代経済学体系への批判が噴出している。たとえば「生物学の基本は、推論より類推が大事な分類学」と説く本川達雄の『生物学的文明論』（２０１１年、新潮新書）に表れた経済観だ。

（かけがえのないものは）簡単には交換ができない。そこで、本当は皆、質が違うかもしれないが、一応質的には同じだとみなしてしまおう……違いは量だけなんだと考えてしまいます。そうして、それぞれに値札という量を示す札を貼っていく。……これが貨幣経済です。（64ページ）

経済学者の側から、「いくらなんでもそこまで機械的で融通の利かない考え方はしていない」と反論するのは簡単だ。だが画一化された大量生産品の付加価値は高く、多品種少量生産されるサービスの付加価値は低いという構造には、本川の批判が当たっているところがあるのではないだろうか。

１９７７年という早い時期に規模の経済信仰を徹底的に批判したレオポルド・コールの『居酒屋社会の経済学』（１９８０年、ダイヤモンド社）が出した結論は「やみくもな規模の拡大から脱却するには、厳密な論証ではなく、さまざまな学術分野や芸術からの大胆な類推が重要だ」（２２４～２３０ページの大意）というものだった。

## まがい・もどきが示す価値観の多元性は、もじりや見立てが重視される社会をつくる

もじりや見立ては類推であって論証ではなく、正解・不正解に切り分けることもできない。卑近な例を挙げれば、甘辛く煮しめた油揚げを乗せたうどんがきつねなら、揚げ玉（天かす）を乗せたうどんはさしずめタヌキだろうということになる。ただし関西ではきつねうどんはそのままだが、タヌキというのは煮しめた油揚げを乗せたそばのことらしい。

あるいは岡が忍ぶ性格なら、池は忍ばないだろうという見立てで、忍が丘そばの池は不忍の池と名づけられる。兜町に行くときに渡る橋だから鎧橋《よろいばし》なのか、鎧橋を渡って行く場所だから、兜町なのか。ようするにしっくりくるか、ピンとこないかは聞き手のセンスに

合うか、合わないかの問題であり、しっくりくると思う聞き手が多ければ通称ではなく正式名称となる。

厳密な論証はＡＩに任せたほうが判断ミスは少ない世の中では、人間の知的能力は普遍的な真理の探究より趣味や嗜好を満たすために使うべきではないだろうか。そして、この分野を広げていくためには、もどき、もじり、うがち、見立てといった江戸趣味あふれることば遊び、連想ゲームが重要になる。もどきは、もどくという動詞の名詞形だが、この動詞自体はどういう意味なのだろうか？　橋本治『江戸にフランス革命を！』（１９９０年、青土社）は、こう解説している。

有名な和歌とかを使って別のシチュエーションを出してくるのを、江戸じゃ〝もどく〟っていうんだけどさ、江戸に先行する中世の能でもうやってて……。（２０５ページ）

すでに室町時代に能楽師はジャズ・インプロヴィゼーションの神髄《しんずい》を会得していて、江戸時代にはこの作業を示す平易な単語さえあったわけだ。

話が飛躍しすぎとお考えの方もいらっしゃるだろうが、美空ひばりが12〜13歳で完璧に大人の情感を歌いこなしていたのは、父親主宰のカルタ会で百人一首の大半を4〜5歳のころからほとんど暗記していたからという要因も大きいのではないだろうか。そこには文法も変わらず、語彙《ごい》は増えてもほとんど日常会話で頻出する言葉は変わっていない征服されざる孤立言語、日本語だからこそ平安時代の情感を戦中・戦後混乱期の少女がほぼ正確に把握できたという推測が成り立つ。さまざまな時代のさまざまな経験が同じ言葉の中に蓄積されていて、多様な趣味、嗜好に応える引き出しを用意しているのだ。

江戸時代の歌舞伎で次の出しものについて主役級の役者、興行主、座付き作者が相談するとき、一番大事だったのは「世界」を決めることだったという。そして世界とは具体的に何かというと、趣向の寄せ集めだった。つまり「聚楽第の屋根の上で、羽柴秀吉と石川五右衛門がにらみ合うってのはどうだい？」「そいつぁおもしろそうだ」となれば採用。「ぱっとしねえな」なら没だ。

世界とはこうあるべきだという世界観に縛られるより、世界とは趣向の寄せ集めなりで済ませているほうが、豊かで幸せな世界を築けるのではないだろうか。「主義主張より趣味趣向を」ということだ。

# 第三章

# サービス業主導ですべてが小型化、軽量化、省エネ化する

第二次世界大戦に惨敗し、戦前から植民地化を進めていた満州国からも、戦時中にイギリスやオランダから奪った東南アジアの資源国からも完全に撤退せざるをえなかった日本。

戦後は、採掘して利益を稼げる資源がほとんどない、極端に「資源プア」な国となった。石炭以外のあらゆる資源は輸入しなければならず、人間の創意工夫以外に付加価値の源泉はないというきびしい環境が、日本の高度経済成長を支える省エネ志向を徹底させた。

## 日本の省エネ志向は付け焼刃ではなかった

日本の省エネ志向は、たとえば１９４７年という早い時期に「熱管理責任者制度」として確立されている。欧米の燃焼効率に関する資格がボイラー管理士程度だった時代に、燃焼という化学プロセスを総合的に管理する資格制度があったこと自体が驚きだ。小堀聡著『日本のエネルギー革命——資源小国の近現代』（２０１０年、名古屋大学出版会）には、以下のような復興期からの目覚ましい成果が紹介されている。

復興期における熱管理運動の成果は、１９５０年代前半には早くも、世界最高水準の平炉燃料原単位やコークス比として結実した。（１３１ページ）

また八幡製鉄で長年熱管理に携わっていた杉田清も、こう証言している。

熱管理というのはあらゆる場面を調べたわけです。電力から蒸気から石炭からガスから炉から圧延から煙突まで、あらゆることを熱管理の人は勉強したのです。これが大きかったと思います。私は圧延しかやりませんというのではなくて、エネルギーバランスだとか、結果的に非常に視野は広くなったのです。（同書344ページ）

日本製造業のエネルギー効率の高さについては、「第一次オイルショック期に輸入石油に対する依存度の高さに危機感を持った通産省（現・経産省）がエネルギー節約の大号令をかけ、主要産業の大手各社が従順にその号令に従ったので達成された」といった浅薄な見方をする人が多い。だが、たとえば日本の鉄鋼業におけるエネルギー原単位の節約は復興期から一貫した過程で、むしろ1950年代前半に最大の成果を上げていたのだ。

1960年代末を境に先進諸国の中でも、アメリカを典型とする資源リッチ国の経済成長率が低迷し、日本のような資源プア国が成長を加速させる世の中に変わった。これは歴史の展開から見ても、OPEC（石油輸出機構）という弱者連合が原油価格の支配権を握った結果、原油価格が2ドル台から10ドル前後へと4倍増した際に、湯水のように石油を使っていたアメリカの打撃が大きく、ちびちび使っていた日本の被害が小さかったというだけではない。オイルショック以前からエネルギー節約の成果として日本製造業の競争力が高まっていて、アメリカはその動きについていけなかった。というよりは、ほとんど関心も持たなかったアメリカのシェアを日本が奪い始めたということなのだ。

つまり、あらゆる工業製品について日本は小型化、軽量化、省エネ化に取り組んだため、製造業全体で欧米諸国に対する競争力を強めたのだ。この60年代半ば、ヨーロッパ諸国は「省エネで勝つ」という日本経済の競争力の源泉を正しく把握していなかった。終戦直後のすさまじい物資不足の中で、日本の勤労者全体が低賃金労働を余儀なくされていたことが日本製品を割安にしている程度の認識だったのである。

そこで当時、ヨーロッパ諸国はフランスであれば、アルジェリアなどの旧植民地から、ドイツであればトルコなどからの低賃金労働力を移民として大量に受け入れて対抗する安易な道を選んだのだ。「ヨーロッパ諸国は人道的で、第二次世界大戦直後から旧植民地の生活困窮者や宗教的、人種的迫害に苦しんでいた人たちを積極的に移民、難民として受け入れてきた。だから、現在移民問題で苦しんでいる」というのは、典型的な自己正当化に過ぎない。

## エネルギー効率の持続的な向上こそ、先進国のあかし

日本経済の台頭をきっかけに、製造業自体が省エネ化を進めなければ競争に落伍する世界になっていた。結局のところ、先進国とは同一のGDPを生産するのに必要なエネルギー消費量を持続的に減らすことのできる国々と言ってもいい。次ページの図表をご覧いただきたい。GDP1ドルを生産するのに必要なエネルギー量が1971年から2015年にかけてどう変わったかを、主要先進国とブラジルについて図示してある。

ここにやや場ちがいな感じでブラジルが入っているのは、イグアスの滝という非常に流水量の大きな滝に設置した水力発電所で国内電力需要のかなりの部分を賄えていたころ、ブラジルのエネルギー効率は先進諸国と比較してもトップクラスに匹敵するほど高かったからだ。だが、やがてイグアスの滝で賄えない需要分が増えるにつれて、ブラジルのエネルギー効率は低下していった。

## 先進国とブラジルのＧＤＰ１ドル当たりエネルギー消費量 1971～2015年

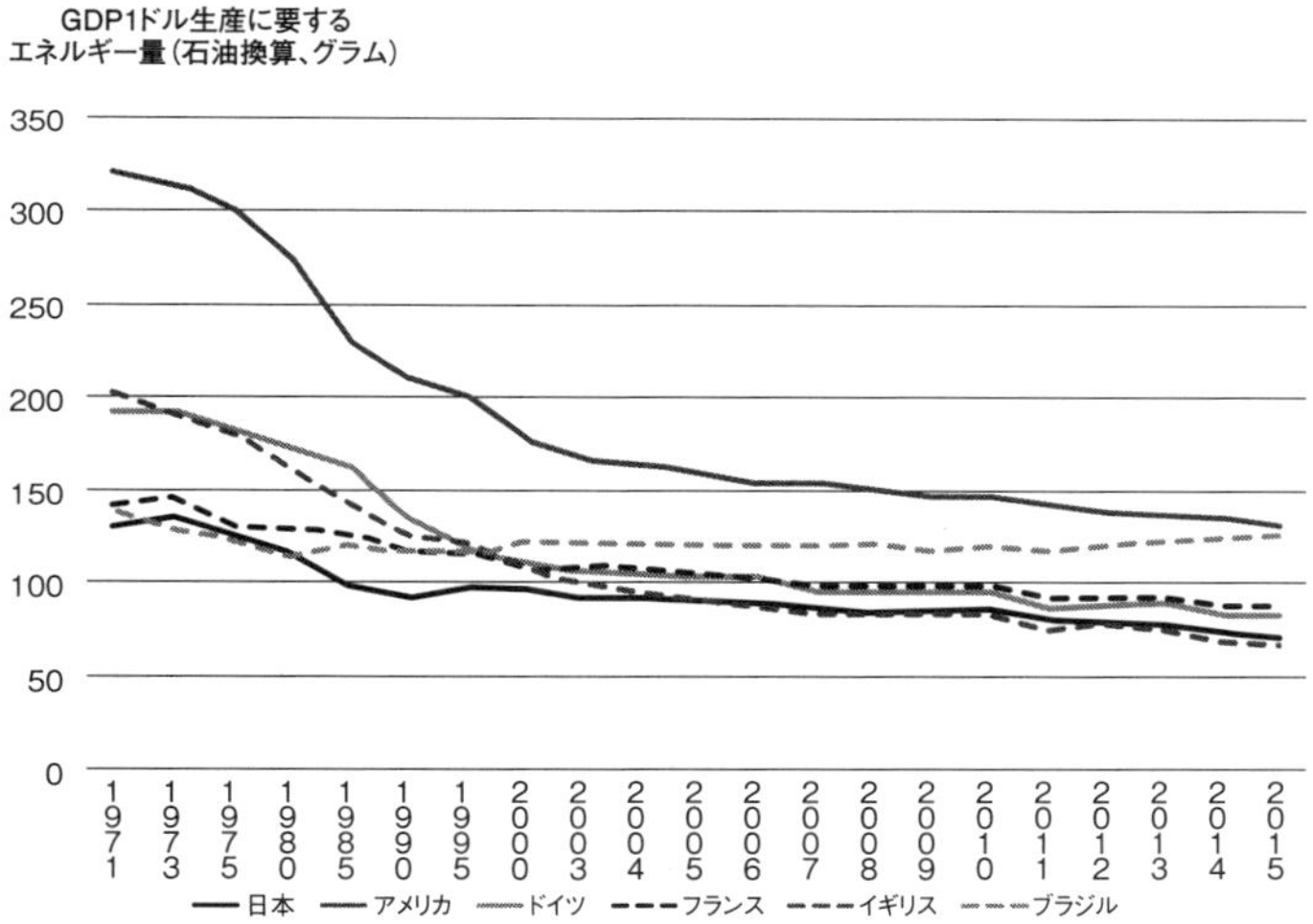


出所：日本エネルギー経済研究所　計量分析ユニット編、『エネルギー・経済統計要覧　2018』データより著者作成

日本とヨーロッパ諸国は１９７０年代初頭の１４０〜２００グラムという水準から出発して、直近ではいずれも１００グラムを割りこむエネルギー効率の高さを示している。最大の理由は、70年代から90年代までで経済全体をけん引するセクターがエネルギー消費量の多い製造業から少ないサービス業に代わったことだ。アメリカ、イギリス、ドイツ、イタリア、日本について、具体的な数字でその変化の大きさを紹介しておこう。

まず１９７０年の時点では５ヵ国とも製造業、鉱業、建設業、電力・ガス供給業からなる第二次産業のほうが、サービス業中心の第三次産業より生産高総額が大きかった、アメリカが第二次産業52・6%に対して第三次産業43・4%、イギリス58・8%対37・9%、ドイツ62・4%対34・6%、イタリア56・5%対35・2%、そして日本が66・2%対33・6%だった。

2017年になると、この5ヵ国すべてで第三次産業の生産高総額が第二次産業の2倍を超えている。アメリカ18・9%対80・2%、イギリス19・0%対80・4%、ドイツ30・1%対69・3%、イタリア24・0%対73・9%、日本が29・7%対69・3%だ。

個人世帯のモノ、とくに耐久消費財需要には比較的低い天井がある。保管しておくための場所を必要としないサービスに対する需要のほうが天井は高い。そして先進諸国になるほど一応、日常生活に必要なモノは充足しているが、サービスは買っても蓄積しないので支出がサービスのほうに傾いていく。つまり順調に発展している経済では、消費支出にサービスの占めるシェアが次第に上昇していくのは自然な傾向だ。

そして次ページの図表は製造業の世界経済に占めるシェアが低下することによって、代表的なエネルギー源である石油の購入費が世界GDP合計額に占めるシェアが趨勢《すうせい》的に低下していたことを示している。

**世界GDP合計額中の原油購入費シェア推移**
**1970年代初頭～2016年**

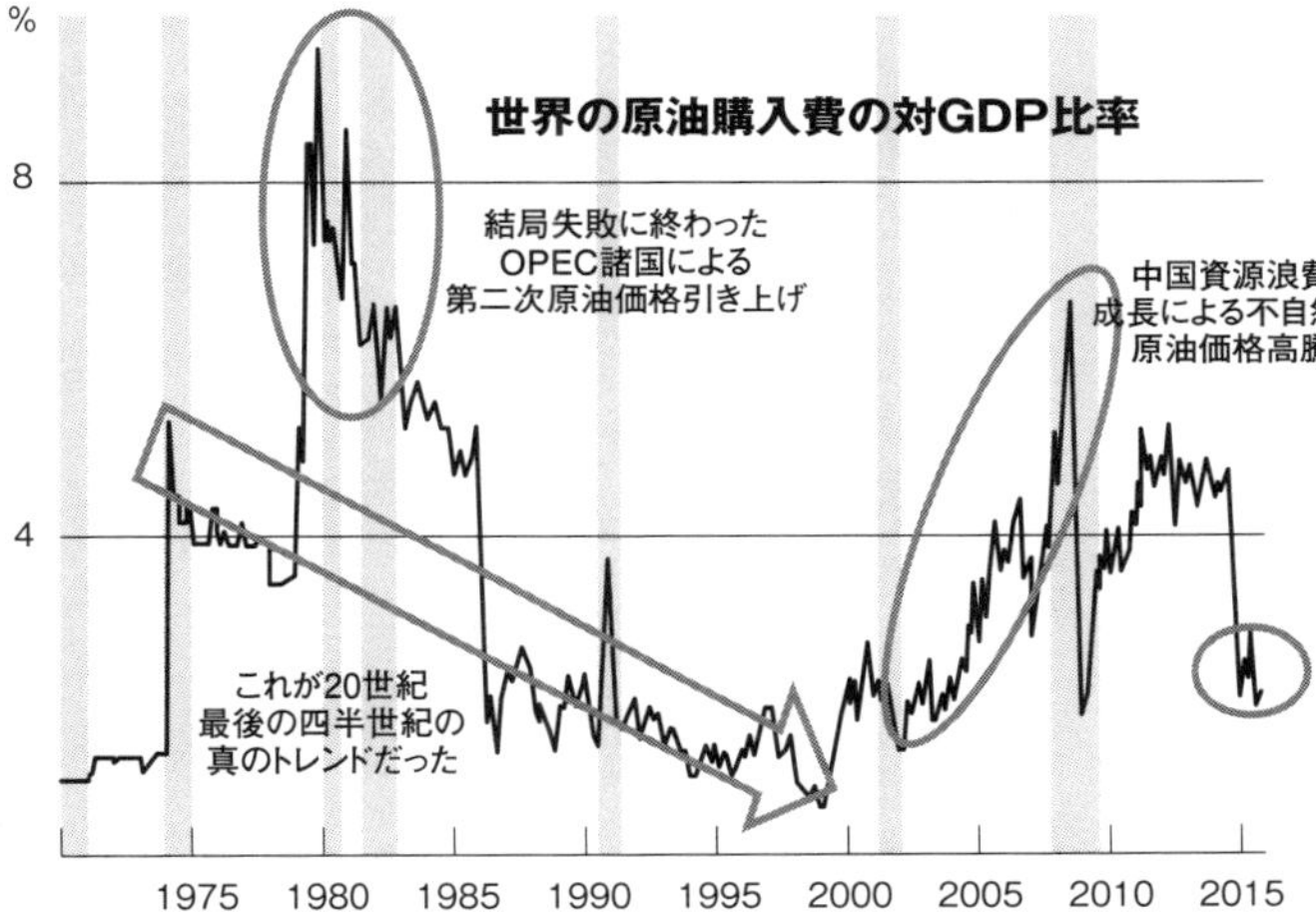


注：全世界の原油購入量は、ブレント、OPEC、WTI価格の等しいウエイトでの平均価格をかけて金額に換算し、世界のGDP合計額に対するシェアを算出している。
原資料：MRB Partners
出所：ウェブサイト『Alhambra Investment Partners』、2015年10月11日のエントリーより引用

1973年のOPECによる第一次原油価格引き上げで世界GDPの約1・5％から6％近くに上昇した石油購入費は、79年の第二次引き上げで約10％まで上昇した。だが、この2度目の引き上げはまったく定着せず、2000年には世界GDPの1％を割りこむところまで下げつづけた。「サービス主導経済」ではエネルギー需要は「製造業主導経済」ほど高くないので、これは極めて自然な動きだった。石油だけではなく、商品市況全般が低迷していたのが、20世紀最後の四半世紀である1976～2000年の特徴であっ

た。だが、中国の資源浪費型成長が世界経済に占める商品購入額の急反発を招く。石油購入額でいえば、2002年の世界GDPの約2%から2008年の7%弱への急上昇だ。

世界経済がエネルギー消費量の多い製造業主導からエネルギー消費量の少ないサービス業主導に転換することは、天然資源の埋蔵量が極端に少ない日本にとって、資源を採掘して売れればすぐそこに付加価値が発生する資源リッチな国々に対する競争条件が今までより平等に近くなることを意味する。だが、中国による天然資源の大量購入は商品価格全般、とくにエネルギー価格の上昇を招き、それだけ日本の資源リッチ国に対する競争条件を悪化させる。

## エネルギー価格の低下が金融危機を招く先進国もある

もう1つの問題が、アメリカではエネルギー産業の経済全体に及ぼす影響力が製造業の地位低下にもかかわらず、強いままだということだ。次ページの図表をご覧いただきたい。

## 金1トロイオンスで何バレルの原油が買えるか？ 1983〜2016年

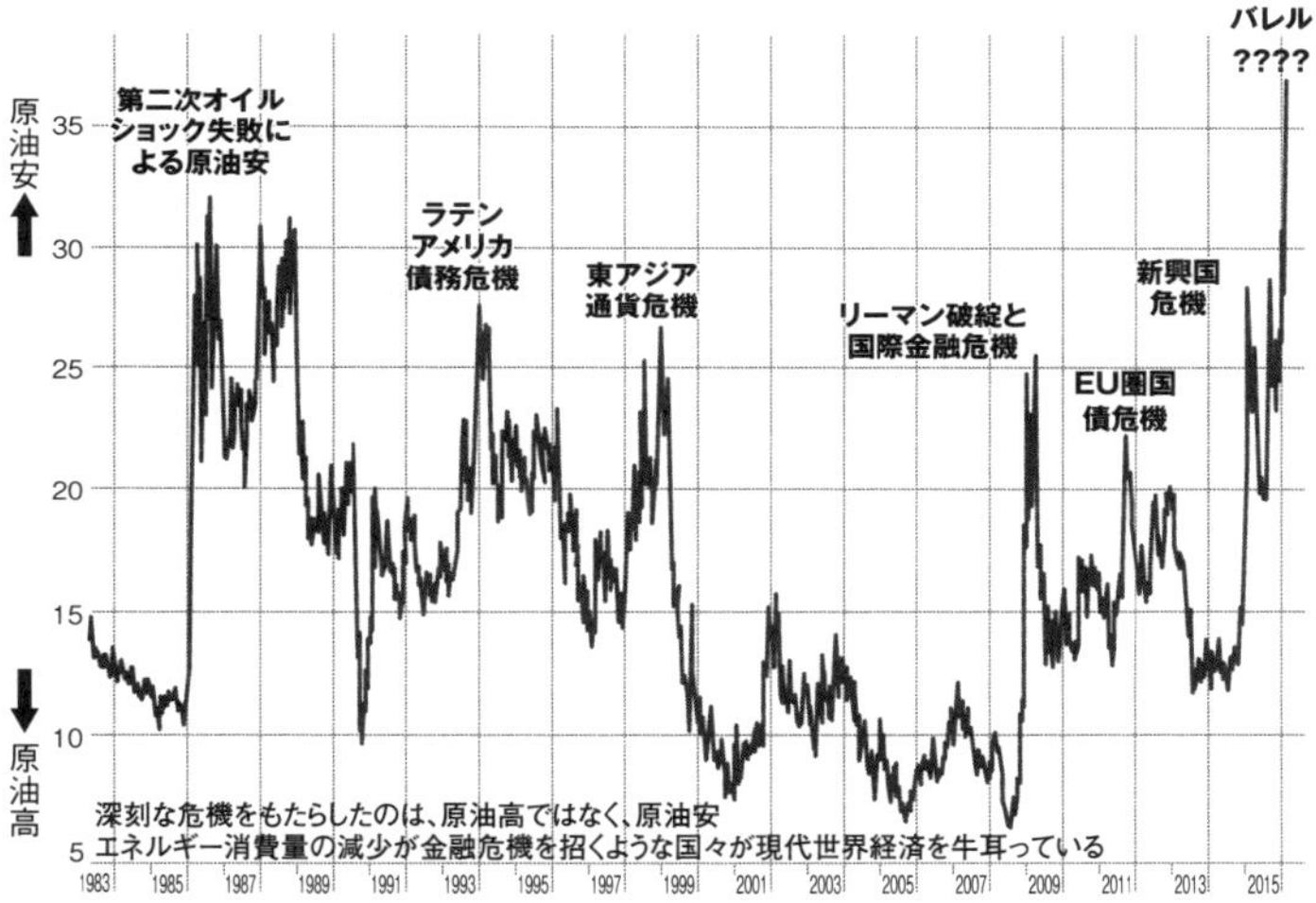


出所：ウェブサイト『Zero Hedge』、2016年2月11日のエントリーより引用

このグラフでは米ドルよりはるかに価値が安定している金1トロイオンスで原油何バレルを買えるかを図示している。上に行くほど買える原油の量が多く、すなわち原油が割安で、下に行くほど原油が割高だということを意味する。さて、グラフ中の書きこみは原油が割安になるたびに、アメリカを中心に世界の金融市場のどこかで危機が発生していることを指摘している。原油価格が安くなれば、それだけ同じ金額で買えるエネルギーの量が増え、産業界も、個人家計も潤うはずだ。だが、そのプラス効果より、エネルギー産業の収益が悪化することのマイナスのほ

うを金融市場は重視しているのだ。

というわけで原油価格が割安になるたびに金融危機が起きるので、エネルギー産業の経済全体に占めるシェアが高く、またロビイストを通じた政治工作も活発なアメリカでは、この製造業からサービス業への転換にともなう自然なエネルギー需要の低下を、なんとか人為的に食い止めようとする動きが顕在化する。この点については、もう一度論じることにして、先進諸国におけるエネルギー効率の上昇に話を戻そう。

ここで注意が必要なのは、イギリスのエネルギー効率の急激な改善は、サッチャー首相当時の製造業切り捨て、金融業偏重の産業構成への転換で、もともとエネルギー消費量の少ない金融業の国民経済に占めるシェアが急拡大していることによる。サービス業全般とはちがって、金融業の業績は製造業大手各社の資金調達需要に依存するところが大きいので、製造業が縮小し、サービス業が拡大する経済では、金融業の業績もじり貧化することが懸念される。

先進諸国の中でアメリカだけは、かなり大幅にエネルギー効率を改善した。それでも直近でGDP1ドル当たり140グラム近い石油消費を必要としており、これはブラジルより高い水準にとどまっている。それだけ今後も改善余地が高いという見方もできるが、たぶんそれはまちがっている。アメリカはほぼ完全なクルマ社会で旅客交通の自動車依存度が高い。大量の人員を一括して移動でき、エネルギー効率も高い鉄道が大都市圏でさえほとんど機能していない。したがって今後も先進諸国では、もっともエネルギー効率の低い国にとどまるだろう。

## 新興国ではエネルギー効率は先進国のように持続的に向上していない

次ページの図表はＢＲＩＣ４ヵ国のうち、ブラジルを除くロシア、インド、中国と、韓国の４ヵ国についてＧＤＰ１ドル当たりのエネルギー消費量が図示してある。このグラフでは、やはり中国のＧＤＰ１ドル当たりエネルギー消費量が１９７１年の１９００グラム超から２０００年には５００グラムまで急激に減少したのに、その後は減少率が大幅に低下し、２０１５年でも約３５０グラムに低下しただけなのが気がかりだ。

なぜこれが気がかりかというと、２００２年のアメリカでのハイテク・バブル崩壊以降、

## 新興国のGDP1ドル当たりエネルギー消費量
## 1971～2015年

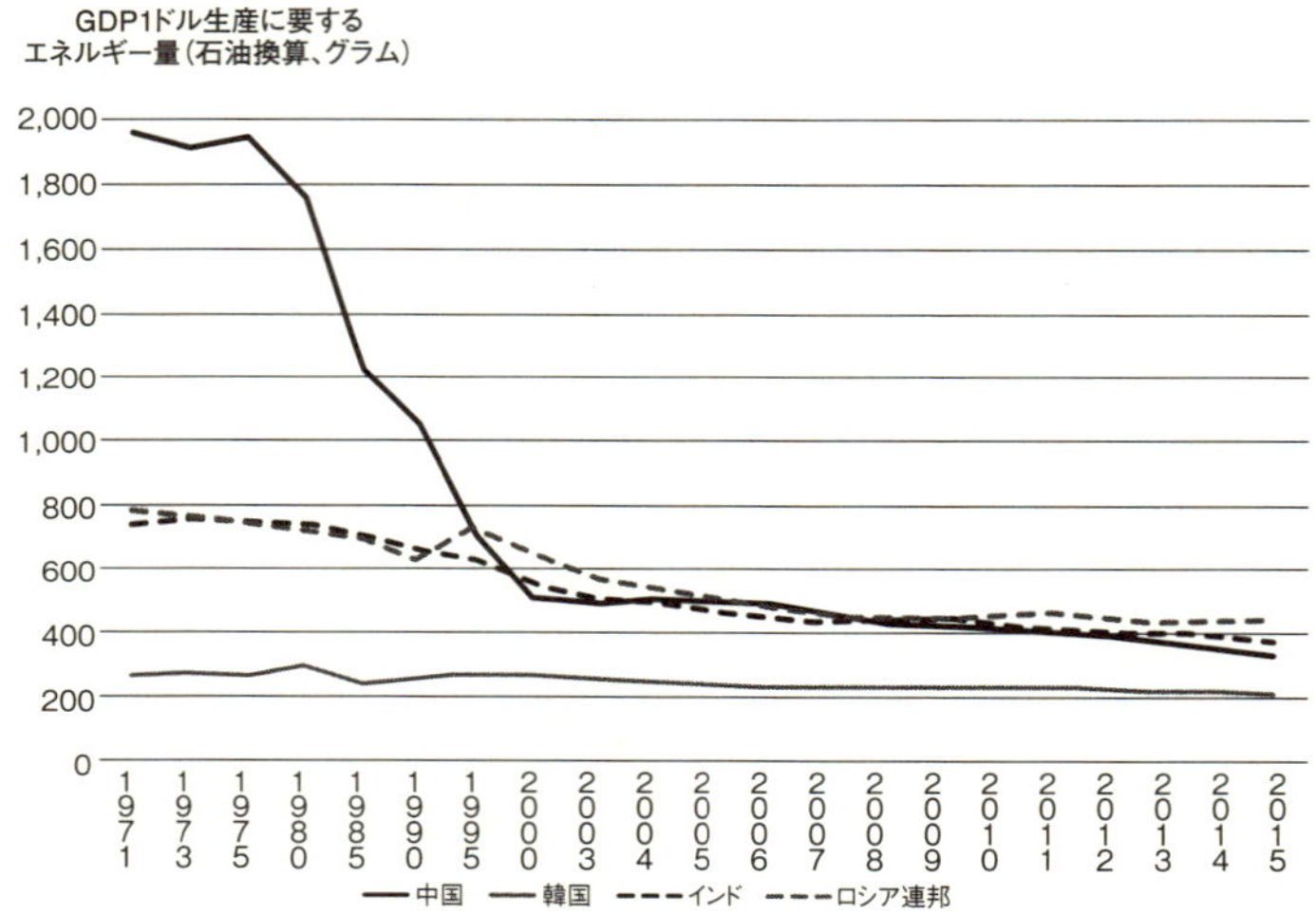


出所：日本エネルギー経済研究所　計量分析ユニット編、『エネルギー・経済統計要覧　2018』データより著者作成

世界経済全体の成長をけん引してきたのは中国だが、その成長の中身はどう考えても国民生活を豊かにすることに貢献しそうもない。たんなる過剰投資に支えられている危険が非常に大きいからだ。中国の国有企業は、規模は大きいが資金効率が悪く、総資産利益率が極端に低い。それにもかかわらず国有銀行から低利で潤沢な融資を受けている国有大企業と、シャドーバンクや海外投資家からの高利融資に頼っている民間企業との競争は、不公平きわまるものだ。民間企業は国有企業に比べればはるかに資金効率がいいので、本来銀行融

資はこちらに回すべきなのに、国有銀行からの融資はあまり受けられていない。

具体的に数字で比較すれば、民間企業の総資産利益率（自己資本と借入金の合計額に対する利益額の比率）は、ピーク期からだいぶ下がったとはいえ4％前後で推移している。一方、国有企業は2％まで低下している。毎年同額の利益にとどまるとすれば、投下資金を回収するのに50年もかかる危機的水準だ。経済合理性からいえば絶対に追加融資をすべきではなく、貸しはがしをすべき国有企業への融資がなぜ増えつづけているか。その理由は国有企業の本業は定款に記載されている営業分野ではなく、共産党一党独裁政権を維持するための利権分配システムの一翼を担うことにあるからだ。

そして中国政府は、こうした国有企業が債務不履行に陥りそうになると、資金援助をして国有企業を延命させる。経済効率で考えれば破綻して当然にもかかわらず。これはたんなるメンツの問題ではなく、利権分配システムの崩壊は体制危機につながるという認識があるからだろう。

国有企業は、こうした政府による暗黙の債務保証があるので、平然と経営効率を無視して稼働率50％以下の製鋼所や発電所を建てつづける。経営責任を問われる民間企業であれば、慢性的に低稼働率の生産施設は、回収できそうな資金量に応じて減損会計を適用して簿価を引き下げるものだ。しかし中国の国有企業がそうした財務管理をしている気配はない。

## 韓国、中国での全要素生産性大幅上昇の怖さ

もっと気がかりなのは、韓国は自国経済のエネルギー効率をほとんど向上させられなかった1989～2014年の期間に全要素生産性の成長率が世界で首位となっているという事実だ。次ページの図表上には韓国の、そして下には中国の全要素生産性推移が出ている。

まず「全要素生産性」（Total Factor Productivity, TFP）という言葉の意味を説明しておこう。労働力投入量と投入された資本の質と量をまったく同一に保ったとして、GDPがどれぐらい伸びたはずかを計算する概念だ。もし労働も資本もまったく同じ量を投入しただけなのに、GDPが拡大しているとしたら、その増加分は技術革新とか、社会全体が平和で安全になっていることとか、交通手段などの利便性が向上して経済活動がしやすくな

## アジア四小竜のTFP推移、1989～2014年

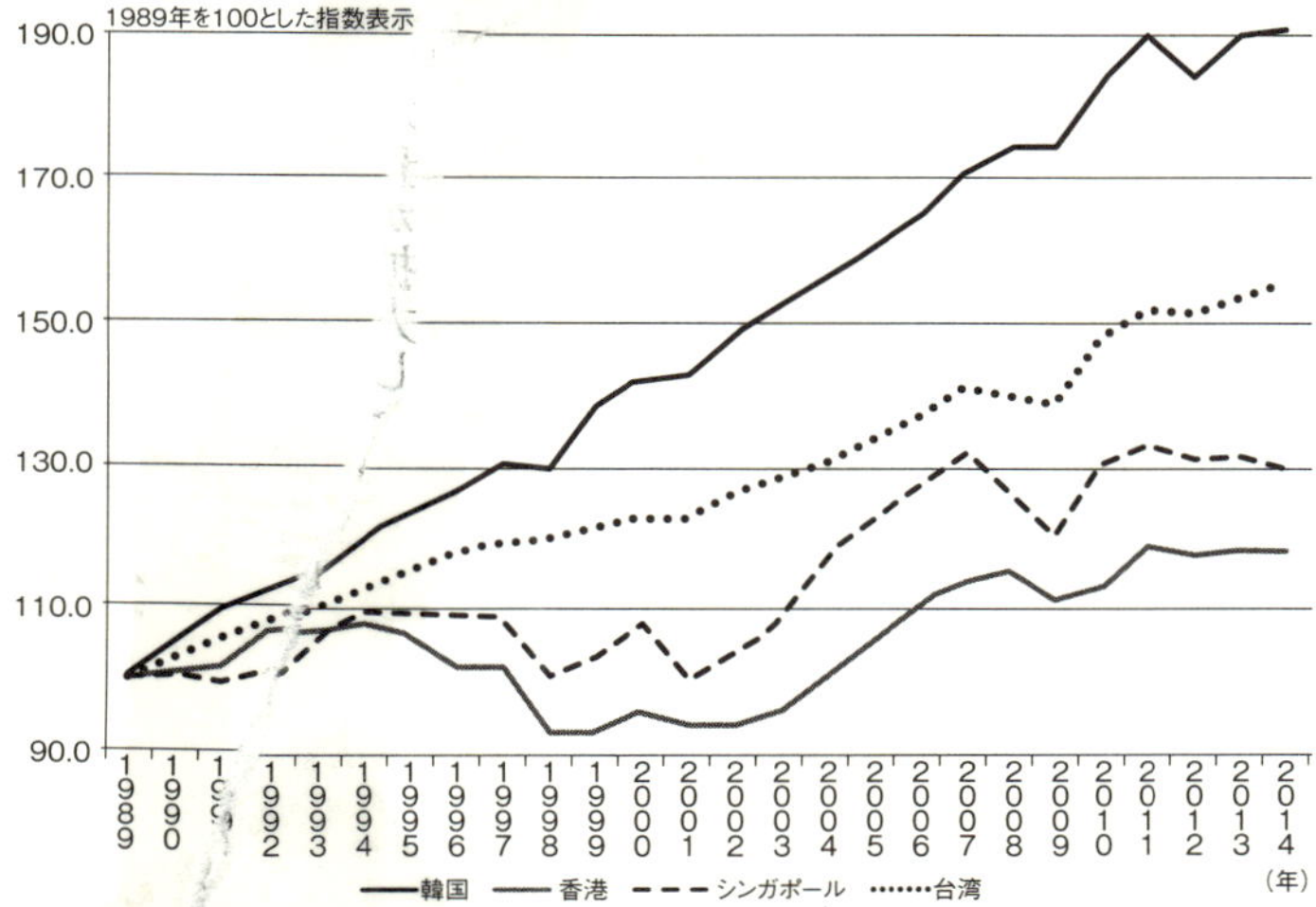


出所：Conference Board、『Growth of Total Factor Productivity』データより著者作成

## BRICS諸国のTFP推移、1989～2014年

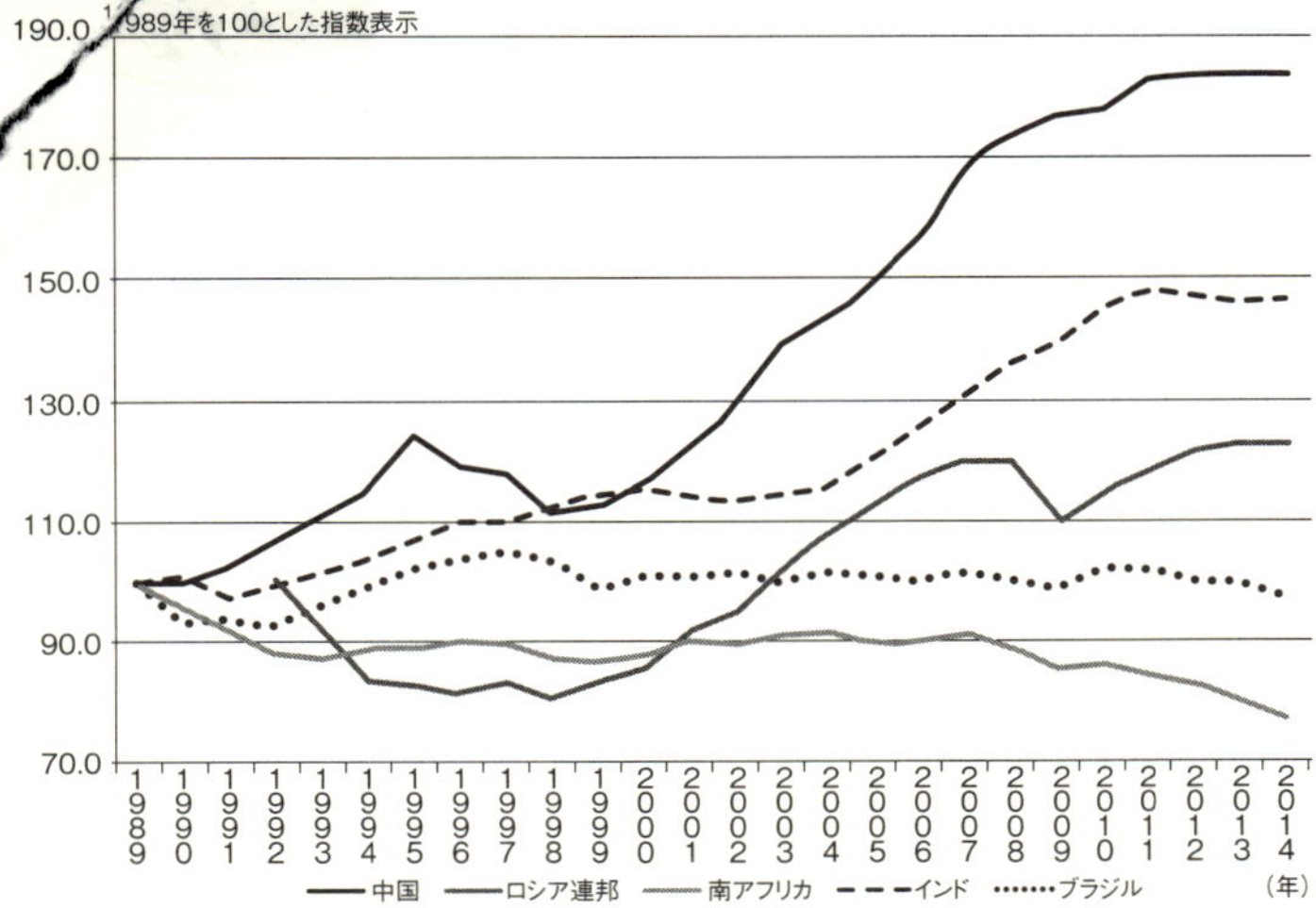


出所：Conference Board、『Growth of Total Factor Productivity』データより著者作成

ったとかを反映しているはずだ。

前ページ上のグラフで韓国のケースを見ると、この四半世紀のあいだに90％も伸びている。年率に換算すると２・６％の成長率ということになる。ふつうの実質ＧＤＰ成長率などと比較すると、とくに高成長と言える数字ではない。だがＧＤＰ成長率は投入した労働量や資本量が拡大したことの効果をふくんでの数字だ。労働も資本も一定に保っていたとしても、年間２・６％ずつＧＤＰが伸びている、しかも25年間という長期にわたってこの成長率を維持してきたのは、大変な数字だ。

ところが１２４ページの図表に戻っていただくと、この間、韓国のエネルギー効率はほとんど改善していない。１９９０年のＧＤＰ１ドル当たり２５６グラムから２０１４年の２１７グラムへと、たった15・２％改善しただけだ。とうてい全要素生産性が25年間で90％も改善するほどの変化ではない。

１２７ページ下段の図表はＢＲＩＣＳ諸国の全要素生産性推移だが、ここでも中国は25年間で90％近い成長を達成している。ただ中国の全要素生産性の急上昇は、ある程度同時期に起きていたエネルギー効率の改善で説明できる。１９９０年のＧＤＰ１ドル当たり

1049グラムから、2014年の354グラムまで、25年間で66・7％も改善している。ただし、毎年全要素生産性を2・6％近い数字で上昇させつづけるほどのエネルギー効率の改善なのだろうか。とくに2000年以降の改善ペースがゆるやかになった時期については疑問が残る。

中国のエネルギー効率改善の成果を中国と韓国で分け合っている可能性はあるだろうか。たとえば、韓国がほぼ同じ生産効率で中国に輸出している商品を中国が毎年2・6％ずつ高い価格で買ってやる。このことによって、中韓両国とも全要素生産性を顕著に上昇させてきたということだ。まったくないとは言い切れないが、なぜ中国が韓国をそこまで厚遇するのかは、わからない。

1つだけ確実に言えることがある。この2国が過去25年間にわたって示してきたすばらしい全要素生産性上昇は、中国の膨大な投資額に額面どおりの価値があると前提しての数字にすぎない。その前提が崩れれば、はるかに低い数字になるだろうということだ。参考のために、同一期間での先進諸国の全要素生産性推移を示すと、次ページの図表のとおりとなる。

## 典型的先進国のTFP推移、1989～2014年

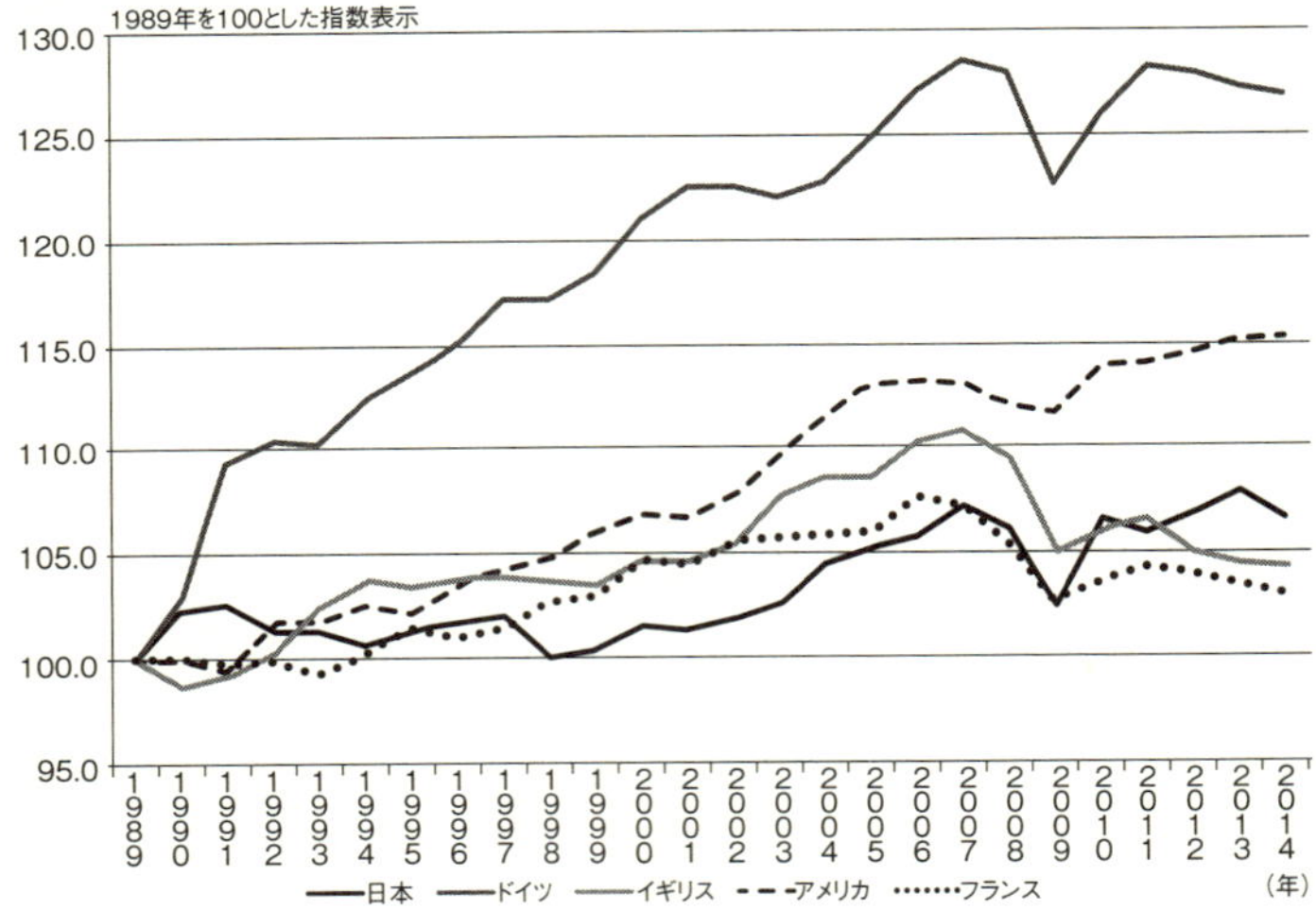


出所：Conference Board、『Growth of Total Factor Productivity』データより著者作成

韓国、中国のグラフを見たあとでは、ずいぶんおとなしいグラフに見える。だが、この中でもっともパフォーマンスのいいドイツは25年間で約28%、年率に換算するとほぼ正確に1・0%の伸びとなる。まったく同じ量の生産要素を投入しつづけて1年で1・0%ずつ全要素生産性が伸びると、25年間では30%近い伸びになる。けっしてみすぼらしい数字ではない。

アメリカは25年間で15%強の伸びで、年率に換算すると0・6%。このへんも許容範囲内だろう。ただ日本の25年間で約7%、イギリスの5%弱、フランスの約3%は、やっぱりちょっとわびしい数

字だ。

製造業もふくめて経済全体がソフト化する世の中で、日本の生産性向上の展望は明るい。欧米では器用仕事（ブリコラージュ）を得意とする熟練工を排除するために導入された工業技術が、日本では器用仕事とみごとに共存しているからだ。レヴィ＝ストロースが感心したように、和紙のあいだにはさんだ金箔をかぎりなく薄く延ばす職人が軽々とエアハンマーを使いこなしている。かと思うとしっかりしたニッチを築いた中小零細企業の職人のカンとコツが、大学ではまったく無縁の分野を専攻していた新人社員に着実に受けつがれ、発展させられていく。

## 資源をめぐる内戦・革命・戦争を経験した6ヵ国のその後

第二次世界大戦後、資源をめぐる戦争、内乱、革命を経験した6ヵ国の全要素生産性推移を見ると、ここでもイラクという特殊な例外をのぞけば、戦争は勝つより負けるほうが得という印象が深まる。

133ページのグラフで特筆すべきはイラン・イラク戦争をみごとに乗り切って、この6ヵ国中で最高の実績を上げているイランだろう。一時は累計で40%を超える上昇をしていたものが、最近の経済制裁で上昇分のほぼ半分を失ってしまった。それでも2014年までの累計成長率は20%を超えており、同一期間内のアメリカの約15%を上回っている。

アルゼンチンの場合、マルビーニャス諸島（フォークランド諸島）の領有権をイギリスから奪回するという第二次世界大戦後としては当然国際世論を味方にできそうな戦争をしたのに、あまり同情が集まらない軍事政権のもとで、この戦争にも負けた。だが、その後の全要素生産性推移はイランに次いで良好で、やはり戦争は負けたほうが得だということを示唆している。

チリでは1991年に軍事独裁から民政への移管があった。その後5～6年は順調に全要素生産性が伸びていたが、25年間を通して見ると、ほぼ出発点に戻るというパッとしない実績となっている。

最大の驚きは、アメリカからもっとも巨額の経済・軍事援助を得てきたイスラエルが、全期間を通じて全要素生産性がほぼ横ばいだということだろう。他国民を占領下に置くの

## 資源をめぐる内戦・革命・戦争当事者6ヵ国のTFP推移 1989～2014年

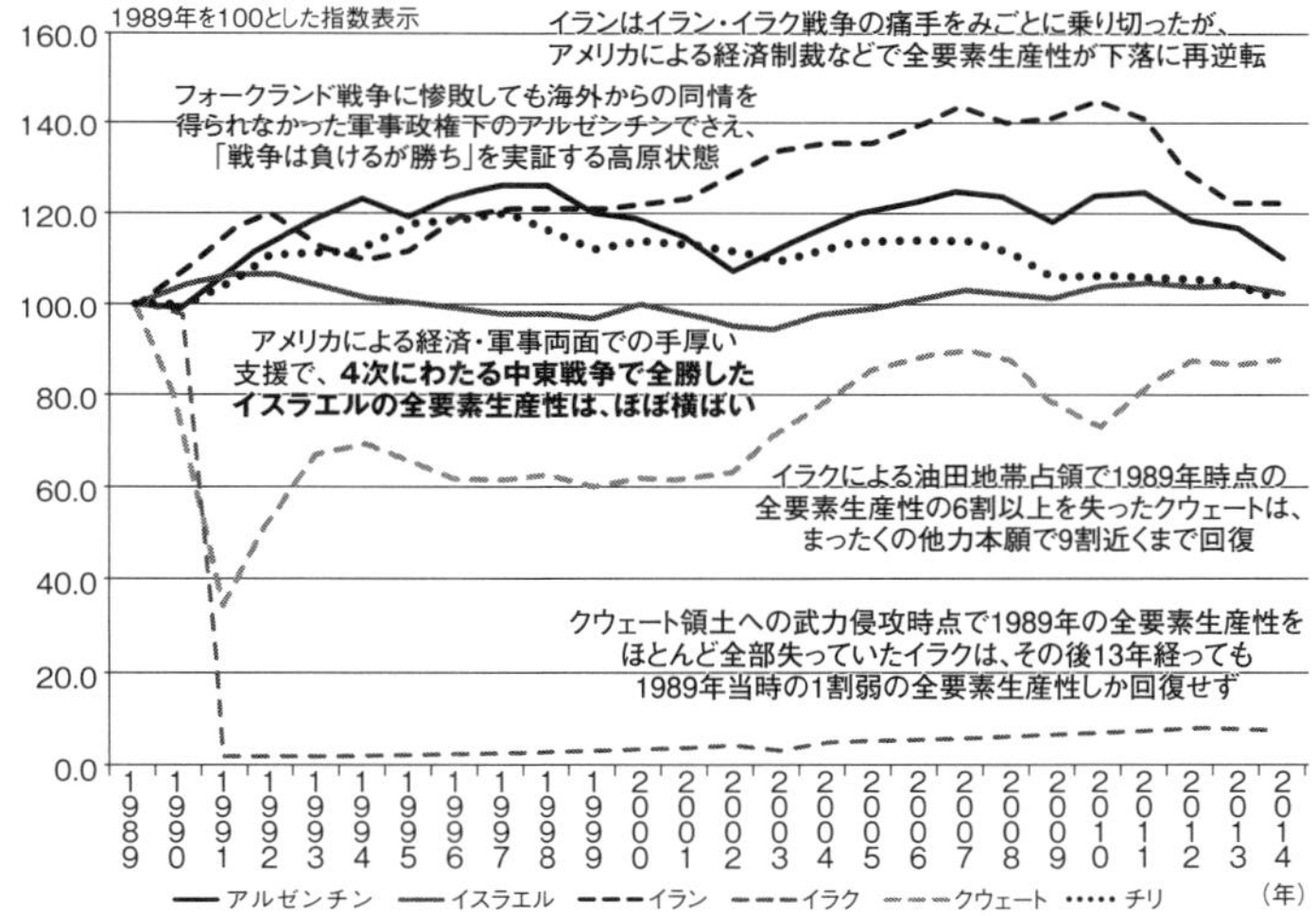


チリで軍事独裁から民政への移行があった直後はやや上昇したが、2014年には1990年とほぼ同水準に

出所：Conference Board、『Growth of Total Factor Productivity』データより著者作成

は、それほど経済に重荷となっているのかもしれない。

一方、イラクによる油田地帯軍事占領によって1989年時点で達成していた全要素生産性の60%強を失ったクウェートは、その後まったくの他力本願で占領されていた土地を取り戻すとともに、全要素生産性も1989年時点の9割近くまで回復している。一応、保有している陸海空三軍はイラクによる侵攻を防ぐにはまったく役に立たなかったが、この軍事的無力さは失地の回復にも失われた全要素生産性の回復にもさしたる障害とはなっていない。

武力侵攻による敵国領土の奪取という、まったく時代の風向きが読めない戦争に突入したイラクは、クウェート侵攻が失敗した時点ですでに全要素生産性の90％以上を失っていた。さらに、その後13年を経た２０１４年時点でも89年当時の全要素生産性の１割弱しか回復していない。技術の蓄積も、社会インフラも、生活インフラもほぼ全部失ったままというのが、実情なのだろう。イラク国民はいったいどうやって日々の生計を立てているのか、不思議になってくる。

しかもフセインが自国民にこれだけの犠牲を強いる可能性さえ考えずに突っこんでしまったクウェート油田地帯武力占領は、中国政府が資源浪費型経済成長を支えられなくなるとほぼ確実に慢性不況に陥る原油という商品の採掘権を確保する、不毛の方針だった。

## 資源国などには慢性的な緊張があるが、経済サービス化はこの緊張を緩和

経済をけん引する産業が製造業からサービス業に移行すると、資源の埋蔵量で豊かさが

## アメリカの成人1人当たり走行距離とガソリン価格 1970～2016年

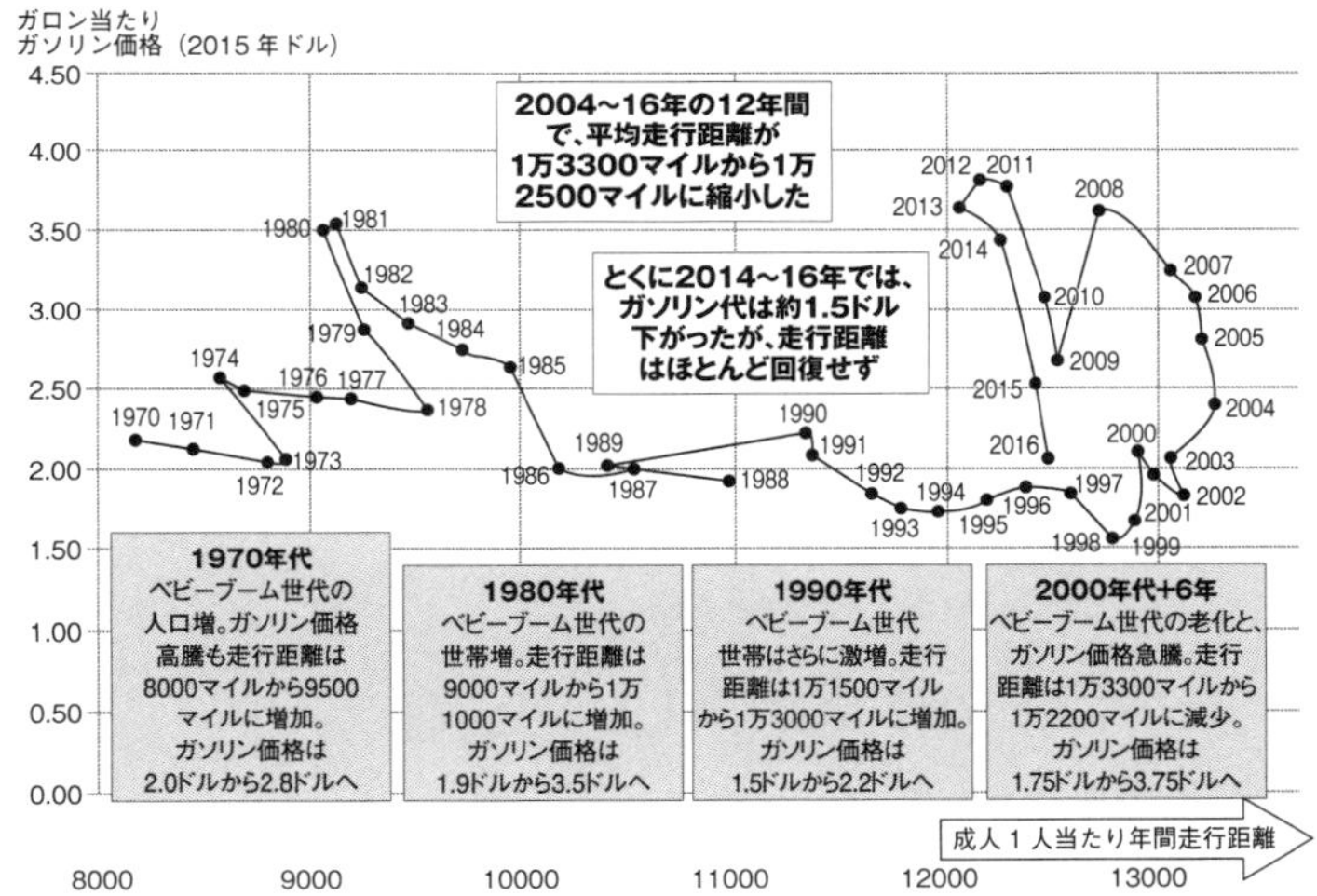


出所：ウェブサイト『Chemicals and the Economy』、2016年5月27日のエントリーより引用

決まる資源リッチ国と資源貧乏国のあいだの不公平感が徐々に弱まる。また製造業主導経済では、ある程度の経済合理性があった同業他社より大きな設備を持つことで競争優位を得る戦略もあまり意味がなくなる。さらに資源枯渇による成長率の低下懸念も大幅に薄れていく。人類はエネルギー消費量を拡大しなければ豊かになれないという「略奪型の世界観」から、エネルギー資源を節約することが高成長につながるという発想へ転換する。

「有限な資源の枯渇で経済成長は止まる」という脅しによって、人類の資源消費量を抑制しようとしたローマクラブ型「北風」路線は失敗した。「資源を大量消費しつづけなければ人間は豊かになれない」という固定観念がアメリカ国民のあいだに強烈に刷りこまれていたからだ。だがアメリカの若い世代は、この刷りこみを自分たちの行動で打破した。この事実を象徴するようなグラフがある。上の図表だ。

結局のところ、1970年代から2000年代にいたっても、アメリカ国民の歴史は、「遠くまで走れば何かいいことがある」という信念と、「遠くまで走ることができるほどガソリン価格は安いか」という経済事情との葛藤の歴史だった。

2つのオイルショックをふくむ70年代は、アメリカのガソリン価格がガロン当たり2ドル20セントから3ドル50セントまで急騰した時期だった。そしてガロン当たり2ドル20セントだった70年に8200マイルだった年間走行距離は、78年に2ドル40セントで9600マイルまで伸び、3ドル50セントまで上がった80年にも9000マイル台を維持した。80～90年代にほぼ一貫してガソリン価格が下がったのだが、1ドル70セントで底を打った98年には走行距離は1万2800マイルまで伸びていた。そして2000年代に入ってガソリン代は上昇に転じたのだが、2004年には2ドル40セントに上がっても、走

**輸出額に占めるサービス輸出の比率、1979〜2017年**

国際貿易統計では、サービスとは無形の「商品」で、生産、輸送、消費が同時に行われるものと定義されている。典型的なサービス輸出は観光を含む旅行で、受け入れ国が輸出、送り出し国が輸入していることになる。このグラフではサービス輸出額を総輸出額に対する比率として算出している。

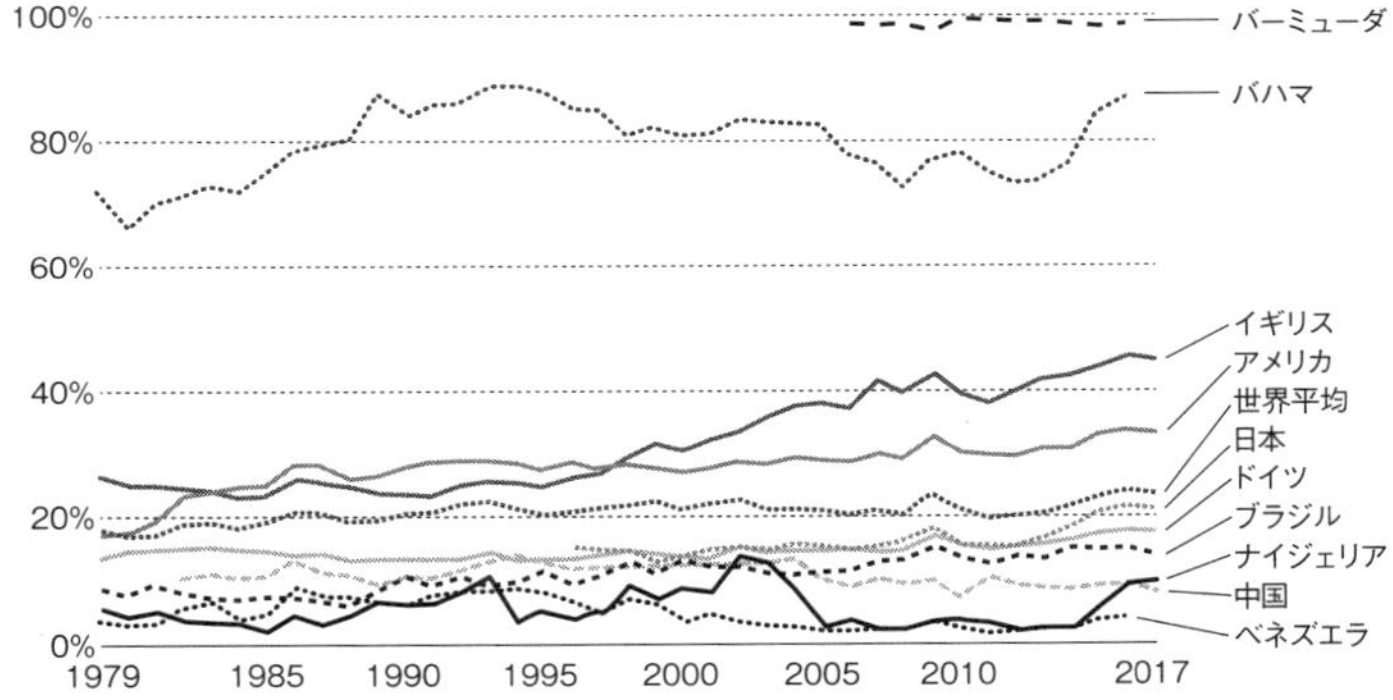


原資料：世界銀行
出所：ウェブサイト『Our World in Data』、「Share of Services in Total Exports」のエントリーより引用

行距離は1万3300マイルへと伸びつづけた。

だが、どうやらこの1万3300マイルが、アメリカ国民にとって年間走行マイルの史上最高記録だったようだ。その後、ガソリン代が3ドル80セントまで上がった12年には1万2200マイルまで減少し、16年にはガソリン代が2ドル10セントを割りこむほど下がったにもかかわらず、走行距離は1万2500マイルと、4年前の水準からわずか300マイル増えただけだった。

もっと興味深いことに、ミレニアルと呼ばれる現在24〜40歳の世代は、アメリカ国民としては初めて、クルマよりも携帯電話がなくなるほうが日常生活は不便になると世論調査で答えている。また、かつてアメリカ国民はほとんど全員18歳になった直後に運転免許を取っていたのだが、免許をまったく取らない人が増えている。「自動車に乗ればどこにでも行けること」を自由の象徴と考えていたアメリカ国民でさえ、ガソリン代が上がれば走行距離を減らすが、下がってもほとんど増やさないという時代になったのだ。

１９８０年4月に１２４ドル90セントと、史上初めてバレル当たり１２０ドルを超えた原油価格は、東南アジア通貨危機・ロシア国債危機が起きた98年11月に17ドル53セントまで下がってから、国際金融危機さなかの２００８年6月に１６３ドル80セントで史上最高値を付けた。その後16年2月36ドル45セントまで下がったあと上昇に転じたが、結局18年6月に75ドル34セントで反落に転じ、80ドル台を回復することはなかった。

アメリカ国民でさえ「エネルギー消費量大＝豊かな生活」という固定観念から脱却しつつあるのだ。資源小国だったからこそ第二次世界大戦直後から「少ない資源で良いモノを作ればみんなが豊かになる」という、モノの不足を知恵でおぎなう経済成長を目指してきた日本国民にとって有利な環境が整いつつある。そして、モノより「コト」が消費者需要のシェアを高めるにつれて、日本経済はますます優位に立つ。

その兆候は、これまで伝統的に大赤字が定着していた旅行収支が２０１５年に黒字に転じ、18年には黒字額が2兆3000億円に拡大したことにも表れている。137ページの図表をご覧いただきたい。

旅行収支が黒字転換してからの2～3年、日本の総輸出額に対するサービス輸出の比率が急激に上昇している。だが、まだ世界平均よりは低いのだ。これはどう考えてもおかしい。日本が国際的な旅行市場でセールスポイントとすべきは、国中どこに行っても、清潔で安全で犯罪に遭遇するリスクが非常に低い都市ばかりがそろっているということだ。

世界的に見ると、残念ながら人口大国は国際的にも国内的にも平和とは言い切れない国が多い。次のページの図表に示すとおりだ。

「世界平和度指数」とは、オーストラリアのシドニーに本拠を置く経済平和研究所が毎年刊行しているデータである。最新の2019年版では調査対象163ヵ国について、継続中の対外紛争数、暴力的なデモ数、テロの影響、収監率、武器輸出入額、警察官比率、殺人率など23項目それぞれの数値を集計し、合計した指数だ。各項目とも点数が少ないほど良好で、多いほど劣悪ということになっているので、総合点が少ない順に平和度の高い国

**平和度指数と人口規模、2019年版**
**トップ20ヵ国、ボトム20ヵ国、G20メンバー国**

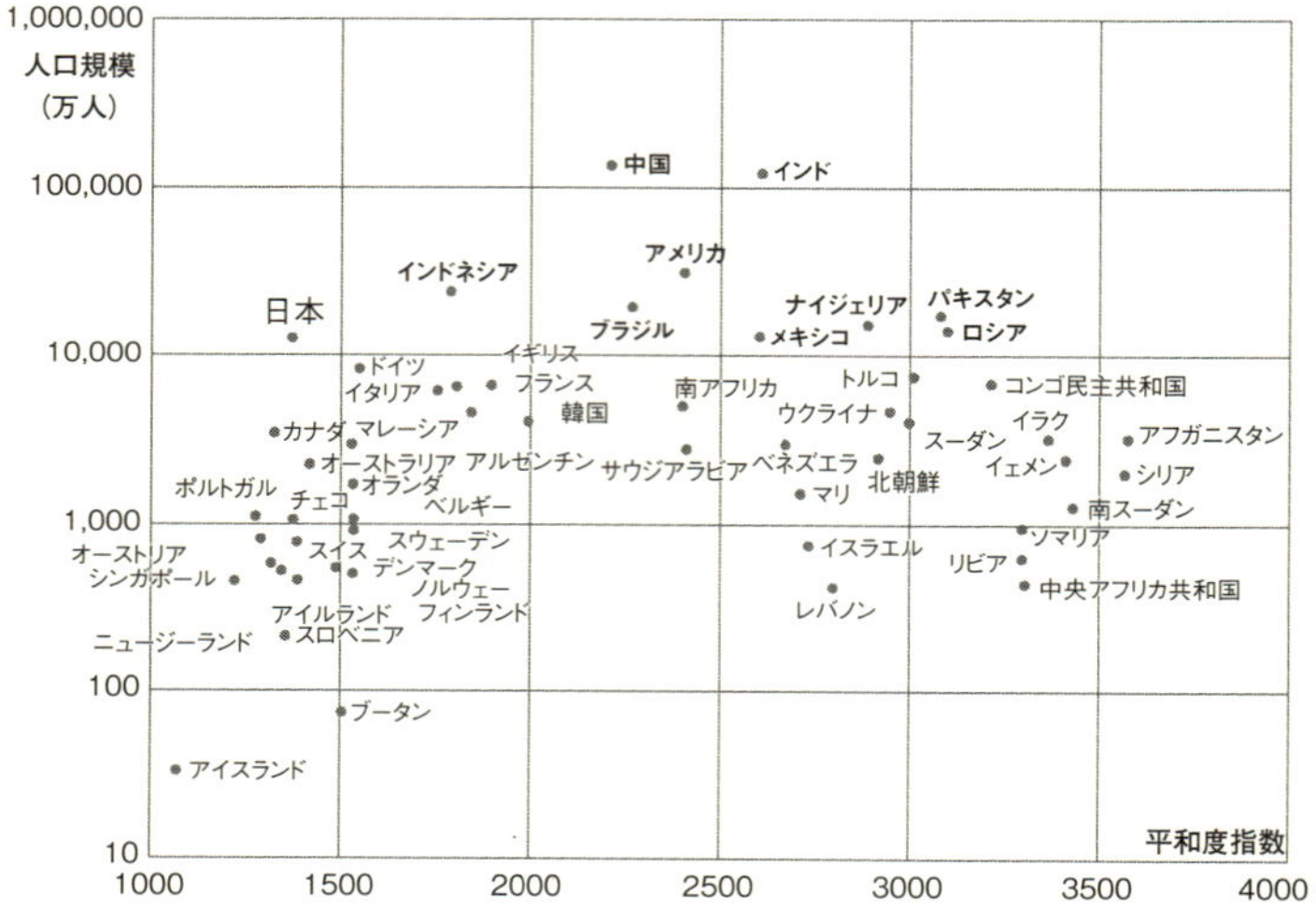


出所：Institute for Economics and Peace、『Global Peace Index—Vision of Humanity』、2019年版と国連世界各国人口統計より著者作成

となっている。

このグラフでは、対象国全部を書きこむとごちゃごちゃするので、トップ20ヵ国、ボトム20ヵ国、そしてG20メンバーの19ヵ国（20番目のメンバーはEUで加盟国がそれぞれ個別に調査対象になっている）のうち、トップ20、ボトム20と重複しない国14ヵ国、計54ヵ国を人口規模との相関で図示している。一目でわかるのは、日本は非常に人口規模が大きい国の中では突出して平和で安全な国という事実だ。

世界中に人口が1億人を超える国は13ヵ国しかない。その中で日本だけが平和度指数9位と、トップ10に入っている。トップ20の中で日本の次に人口が多いのはカナダだが、あの広い国土に3400万人しか住んでいない。世界中どこでも人口が多くなればなるほど、安全性や平和についてはある程度妥協して暮らしていかなければならないのが現実だ。その中で日本は大都市でも平和で安全な場所がほとんどで、よそものが出入りしたら危ないような場所は数えるほどしか存在しない。

また清潔さという点でも日本の大都市は突出している。サンフランシスコはアメリカ国内では景色のよい大都市であり、殺人事件発生率もアメリカの都市としては低い。だが近年、ペットではなく人間の垂れ流した糞尿や麻薬用の使い捨て注射器が市内いたるところに散乱し、市役所が公式に受け付けた苦情だけでも1日あたりで数百件という悲惨な環境になっている。数年に一度、ここで全国大会を開いていた医療関係の業界団体が「サンフランシスコの衛生環境はアフリカ最貧国のスラム街より劣悪だ」として、今後サンフランシスコでは大会を開かないと宣言したほどだ。

平和さ、清潔さ、安全さを客観的なデータを使って宣伝すれば、日本の都市観光の未来は非常に明るい。

# 第四章

# 金融市場は構造不況に陥る

経済が製造業主導からサービス業主導へと転換したことによって生じた最大の変化は、なんだろうか。いや、世界経済はどう変化すべきだったろうかと問い直したほうがいいかもしれない。

製造業主要部門の大手企業がさらなる巨大化を目指して、どんどん設備投資をしても歩留まりが悪くなった。極端な場合には規模を拡大する前より収益が下がってしまうことが、ひんぱんに起こるようになった。

ここまでは、1980年代末あたりを境に、世界の主要先進国で当然起こるべき変化が起きている。

## 設備投資競争の意味は低下する

経済が製造業主導からサービス業主導へと転換し、――これまた当然起きるべき変化なのだが――製造業の設備投資競争が重要性を失って付随してくるはずの変化が起きたのは、今までのところ日本だけだ。ずばり数ある企業の中から将来収益成長の展望が高くて、資金需要の旺盛な企業がなるべく好条件で新株発行増資や起債を行えるように株価を上昇させる、金融市場の慢性的な低迷だ。

製造業大手各社が資金力に任せてどんどん規模を拡大すれば、ますます収益が伸びる時代ではなくなったことは、1980年代末から90年代はじめにはすでに明白だった。そして株式市場で株価が上昇することの意味は、同じ株数の新株を発行しても、調達できる資金が大きくなることである。それとともに起債をするときの条件も良くなることなのだから、資金力が業績を決める度合いが小さいサービス業主導の経済になったとき、株式市場の役割は低下すべきだった。

## 金融業慢性不況の到来を世界で最初に察知した日本の個人投資家

主要先進国の株式市場で、唯一この経済合理性に満ちた変化をしたのは、我が日本株市場だけだった。次ページの図表で一目瞭然《りょうぜん》だろう。

アメリカのS&P500株価指数との比較になっているのは、もちろん先進諸国でも一番株価の動きがいい指数との対照を見たいからだろう。そして香港のハンセン指数との対比になっているのは、中国経済の動向を反映しながらも、上海総合株価指数や深圳《しんせん》株価指数ほど当局の思し召しで操作されていない株価指数ということなのだろう。

読者の中には、「過去3~4年の日本の株価は、もうちょっと良かったんじゃないか」と思っていらっしゃる方も多いだろう。だが、それは経済金融メディアのほとんどが、株価というと日経平均を指標として使っていることから受ける錯覚にすぎない。ここで日本株を代表しているのは東証指数だが、これは正しい。

**日・米・香港主要株価指数推移、1989～2019年**

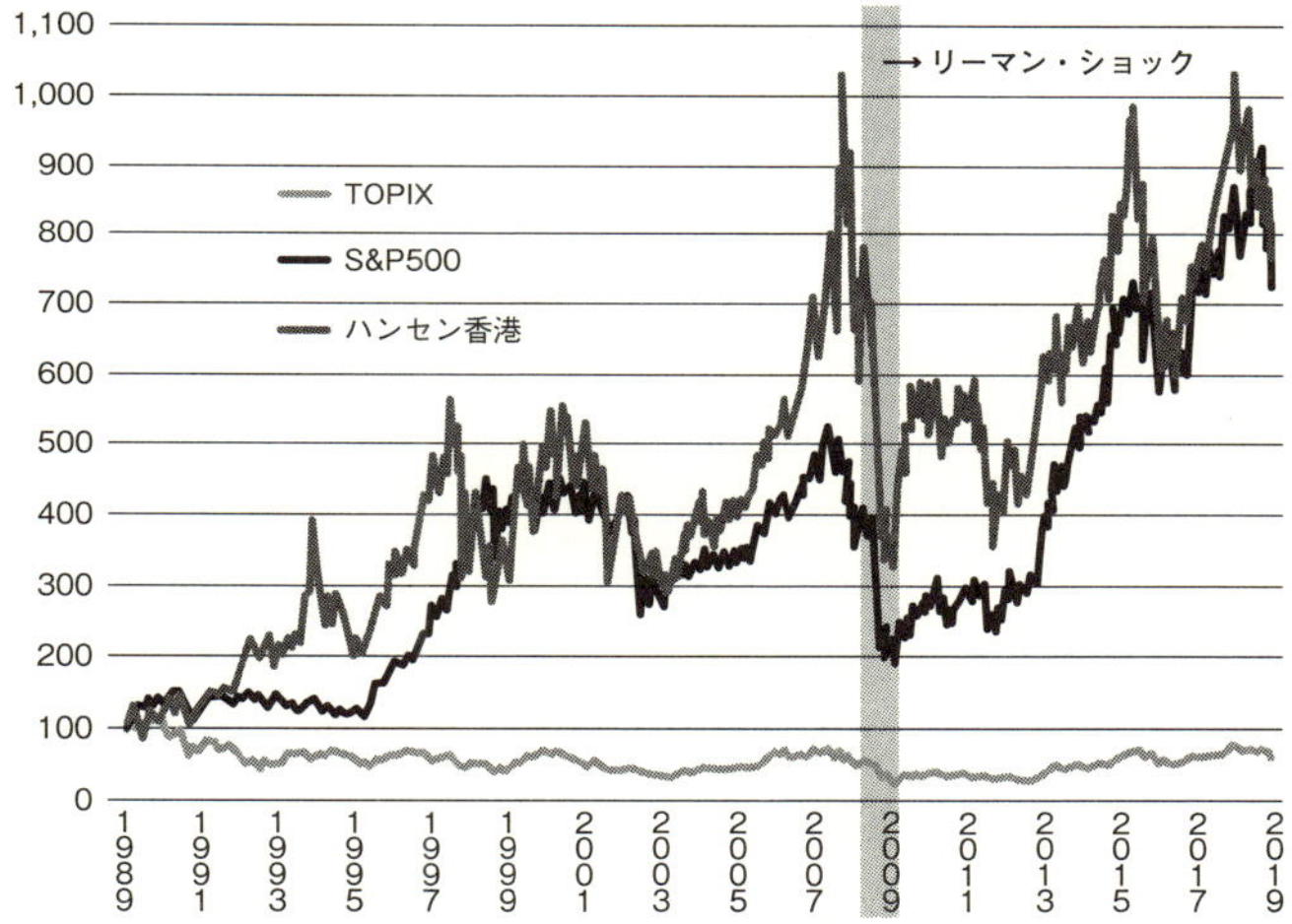


注：各株価指数は1989年（平成元年）1月6日終値を100として指数化、2019年1月8日までの推移。すべて円ベース。
出所：ウェブサイト『ありがとう投信』、2019年1月24日のエントリーより引用

まず日経平均は日本中の上場株の中から、たった225銘柄しか組み入れていない指数だ。おまけに、その225銘柄間のウエイトも時価総額ではなく、単位株の価格を使っている。だから人為的に発行済み株式総数の少ない採用銘柄をいじれば、指数全体をかなり大幅に操作できる欠陥指数なのだ。

さらに黒田日銀がやけっぱちの「異次元緩和（質、量双方にわたる大胆な緩和）」を標榜して、日本国債だけではなく日本株まで買い始めた。このとき、さらに大きな市場のゆがみが生じた。日銀が「買ってもいいのは日経平均をベースにしたETF」と規定したのだ。このせいで外

国人投資家や日本の個人投資家が大幅な売り越しをした2018年を通じて、買っているのは日銀だけ、買われているのは日経平均採用銘柄だけという相場になっていたのだ。

日銀は毎月買い入れ枠を設けて整然と買いつづける。だが、そろそろ危ないと思った外国人投資家や個人投資家は、安全に売り抜けられる日経平均採用銘柄に売りを集中した。2018年度の第3〜4四半期となる18年10月〜19年3月は、まさに起こるべくして起こった日経平均の大暴落だったのだ。18年9月末に2万4000円台まで上がっていた日経平均は、19年1月4日の大発会（その年で初めて相場が立つ日）には1万9500円まで暴落した。

## お粗末なのが日本の機関投資家

日銀は、どうせ円紙幣を刷れば損失は埋まると平然としていたらしい。だが日銀の尻馬に乗って日経平均採用銘柄ばかり買っていた年金独立事業法人は2019年1〜3月だけで14兆円の損失を出し、ファンドマネジャーから自殺者が出るという騒ぎになった。

そのへんの事情を実も蓋《ふた》もないほどはっきり示しているのが、次ページの2枚組グラフ

## 投資部門別日本株売買動向、2012～18年度

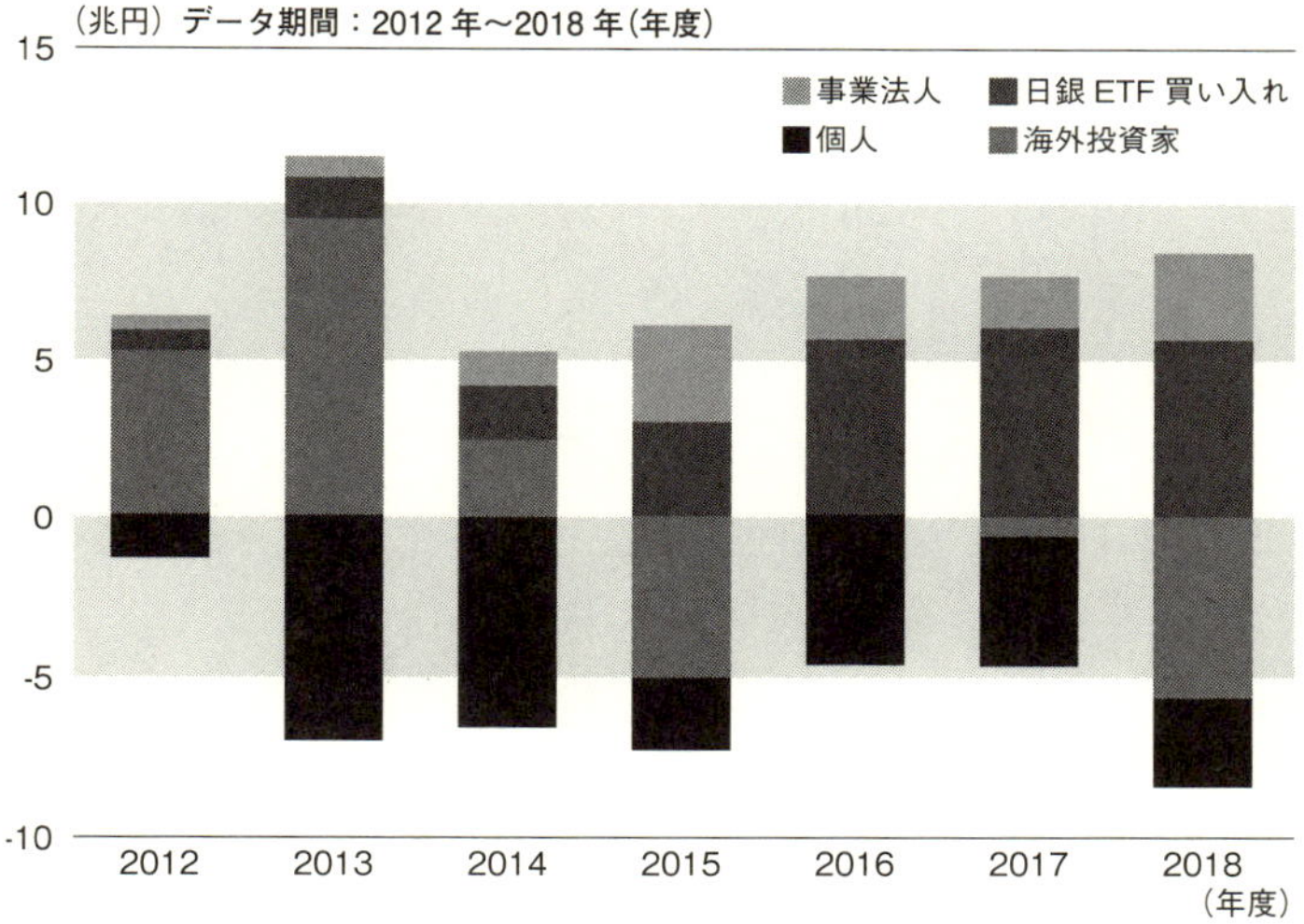


## まんまと高値で売り抜けた外国人と個人、高値づかみした日銀と法人 2018年度単年の売り越し、買い越し

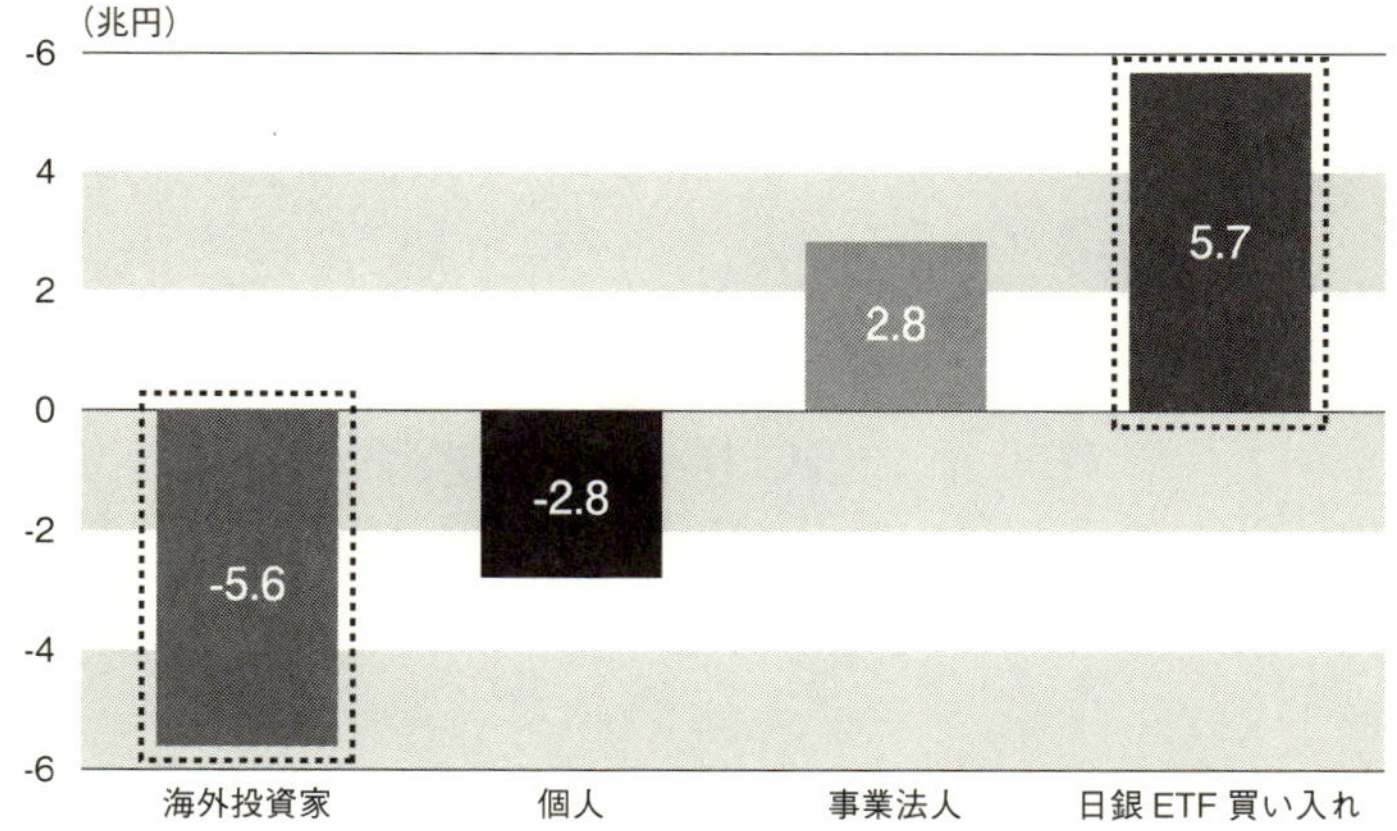


出所：ニッセイアセットマネジメントHP、『金融市場NOW　日本株の投資部門別売買動向』、2019年4月17日のエントリーより引用

だ。

上段のグラフから見ていこう。2012年3月末、日経平均はまだ1万円を抜けるかどうかという攻防をしていた。「これはまた、日本の機関投資家をカモにするいいチャンスだ」と見た外国人投資家は、12年度約5兆円、13年度約9兆円、14年度約2兆5000億円という買い越しをつづけた。2015年3月末に2万円目前まで日経平均を引っ張り上げたところで、日本の機関投資家と日銀が高値づかみをしてくれるのを確信して、売り越しに転じた。「もう株が上がれば景気が良くなるわけでもないし、景気が良くなれば株価が上がるわけでもない。世の中は変わった」と本能的に悟っていた日本の個人投資家は、この間一貫して売り越しつづけている。

下段のグラフに目を転ずると、2018年度を通じて吹き値売りをして儲けたのが外国人と個人、高値で買ってしまったあとで処分売りを迫られて損を出しつづけたのが日本の事業法人（機関投資家）とはっきりわかる売り越し買い越し状況になっている。日銀はもっとはるかに安いころから買いつづけているので、手持ち株の買いコストを平均して時価と比べればまだ評価益という状態だ。だが、まさか日経平均採用銘柄すべての筆頭株主になって、経営陣の指名までしてしまうわけでもないだろうから、手じまうときが大変だ。自分の売りでさらに株価を下げ、損失がかさむのはまちがいない。

ここでもう1つ、いかに日本の機関投資家の運用が拙劣か、一方、個人投資家がいかに運用上手かということで注目していただきたいグラフがある。152ページの上下2段組グラフだ。

まずバブル崩壊後、生損保とか都銀・地銀といった自前の運用ができる金融機関の保有シェアは、じり貧状態がつづいている。生損保の場合は売買も細っているので、まだ運用自体に消極的だったという言い訳ができる。しかし都銀・地銀は売買シェアが大きく、けっこう派手に動いているのに保有シェアが下がりつづけているのだ。なお信託銀行のシェアが上がっているのは、まさにその名のとおり、投資信託などが運用している株を信託財産として預かっているからだ。

それに比べて個人投資家は先の図表で見た2012年以降だけではなく、バブル崩壊後の株式相場には、ほぼ一貫して「上がったら売り」で臨んできた。だが、保有シェアは下がりつづけているわけではない。1998年の約10％を底、2005年の40％弱を天井と

## 投資主体別日本株保有比率推移、1990～2014年度

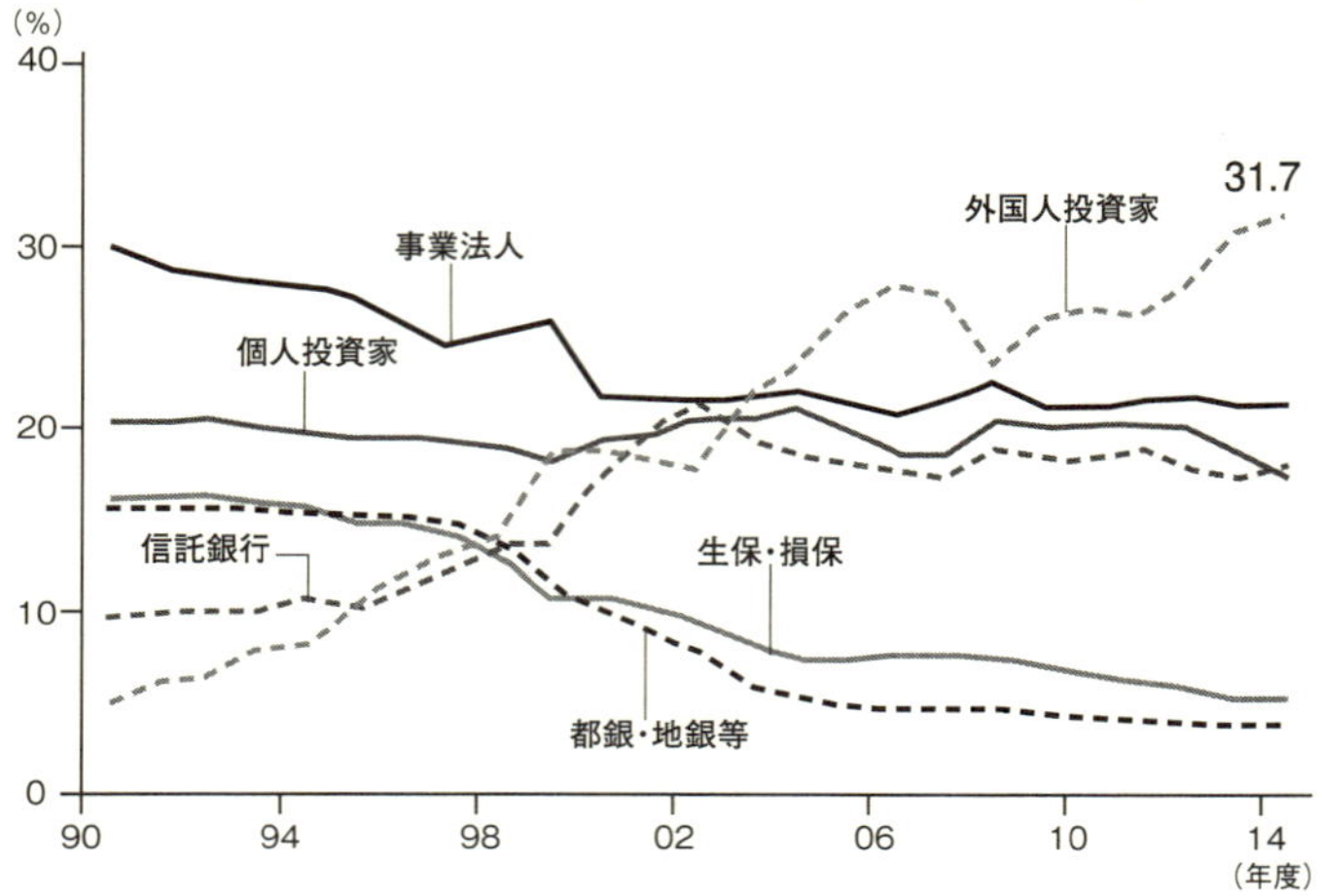


## 投資主体別売買代金シェア推移、1990～2014年度

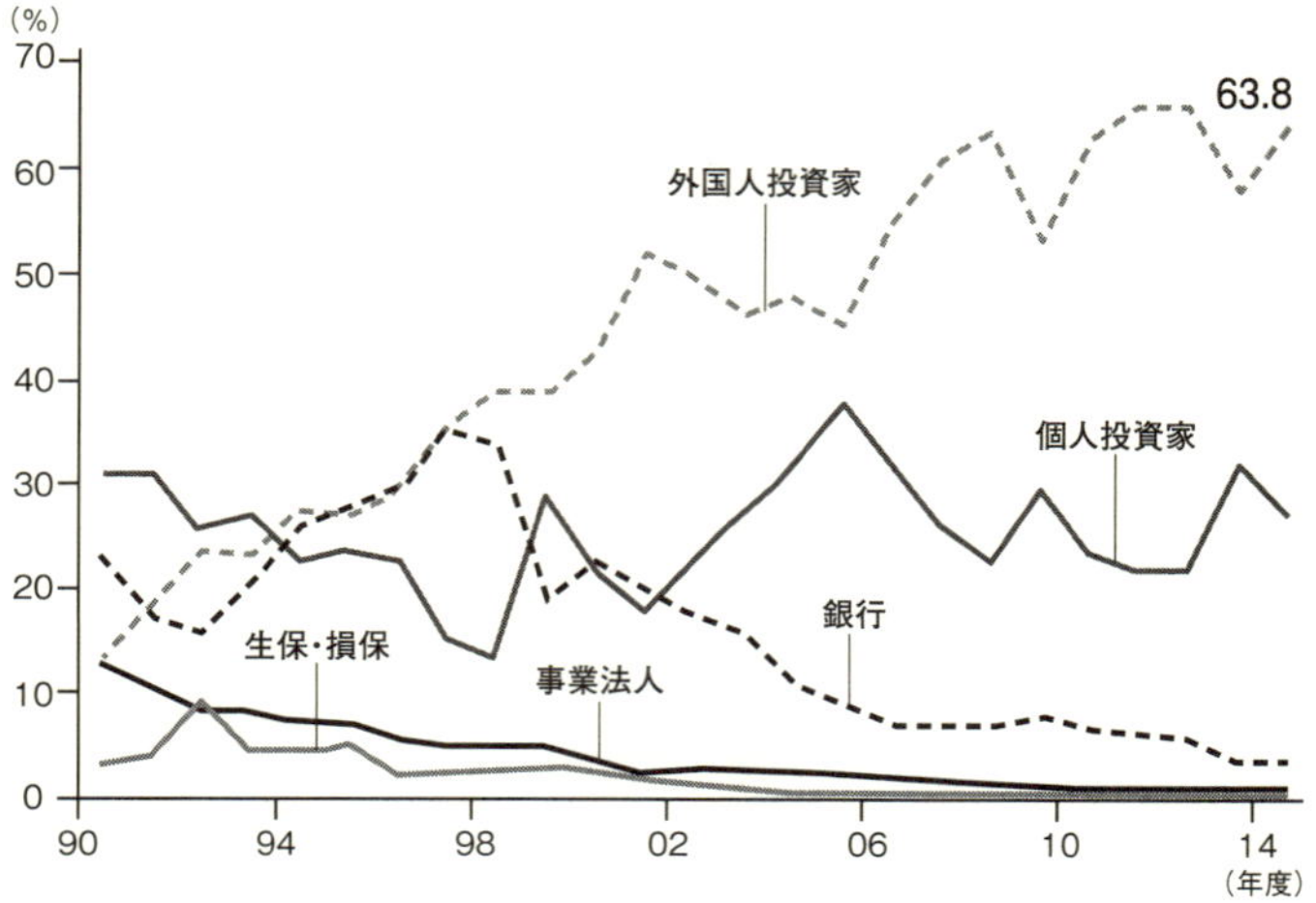


注：銀行は、都銀・地銀等と信託銀行の合計
出所：日本生命ホームページ『3分でわかる新社会人のための経済学コラム　第69回』、2015年11月1日のエントリーより引用

して、だいたい20～30％の範囲内で推移している。今さら日経平均が新高値を取るとか、3万円台を目指すとかいう景気のいい話があるはずがない。だから、ちょっとでも高くなった株から手放し、まだ低水準の株を持ちつづけている。このため手放した銘柄の時価総額はその後下がり、手元に残っている銘柄はじりじり上がるという、理想的な退却戦ができているのだ。

1980年代後半に入ったころには、「株価が上がったからこの機会に新株を発行して、成長のための潤沢な資金を確保しておこう」という上場大手企業ならどこでも考えそうな財務戦略があった。これが完全に裏目に出ていたことを象徴する数字をご紹介しておこう。日本の企業部門は、バブル崩壊直前の4～5年で新株発行と起債で約20兆円の調達を実施した。バブル崩壊後の約10年で、企業部門が計上した特別損失の合計額も約20兆円となっていたのだ。

## 物価が上がらないのは悪いことなのか？

その間、株にも不動産にも手を出さなかった日本国民の家計はほとんど無傷だった。一生に一度、バブルのころに株や不動産を高値で買ってしまった人たちの多くは、その復讐戦を挑むための元手も捻出《ねんしゅつ》できないほどの痛手を受けてしまった。おそらくいまだに当時の損を挽回できていないだろう。だが、それ以外の日本の個人家計はいたって健全で、日本の個人家計部門の金融資産総額は1990年代前半にごく小さなへこみがあっただけで、その後順調に伸びつづけている。

だが、「ちまちま節約をつづけているだけじゃ、ちっともインフレ率も上がらないし、景気も良くならない。だから中央銀行が金利をゼロとかマイナスとかまで下げ、金融市場から債券や株式ETFを買ってでも、もっと世の中全体にカネが回るようにすべきだ」という議論がある。いわゆるリフレ（金融・財政政策でインフレを促進せよという理論）派だ。

最近では、日本の物価上昇率はもう30年にわたってゼロ近辺でうろついているのに、景気は悪化しているわけでもなさそうだということで、あまり声高にリフレを唱える向きも見なくなった。だが完全にまちがった考えなので、その点ははっきりさせておこう。まず事実として、日本の物価は過去30年間ほとんど上がっていない。次ページの図表で示すとおりだ。

**日・米・独・先進国・世界物価推移、1991～2018年**

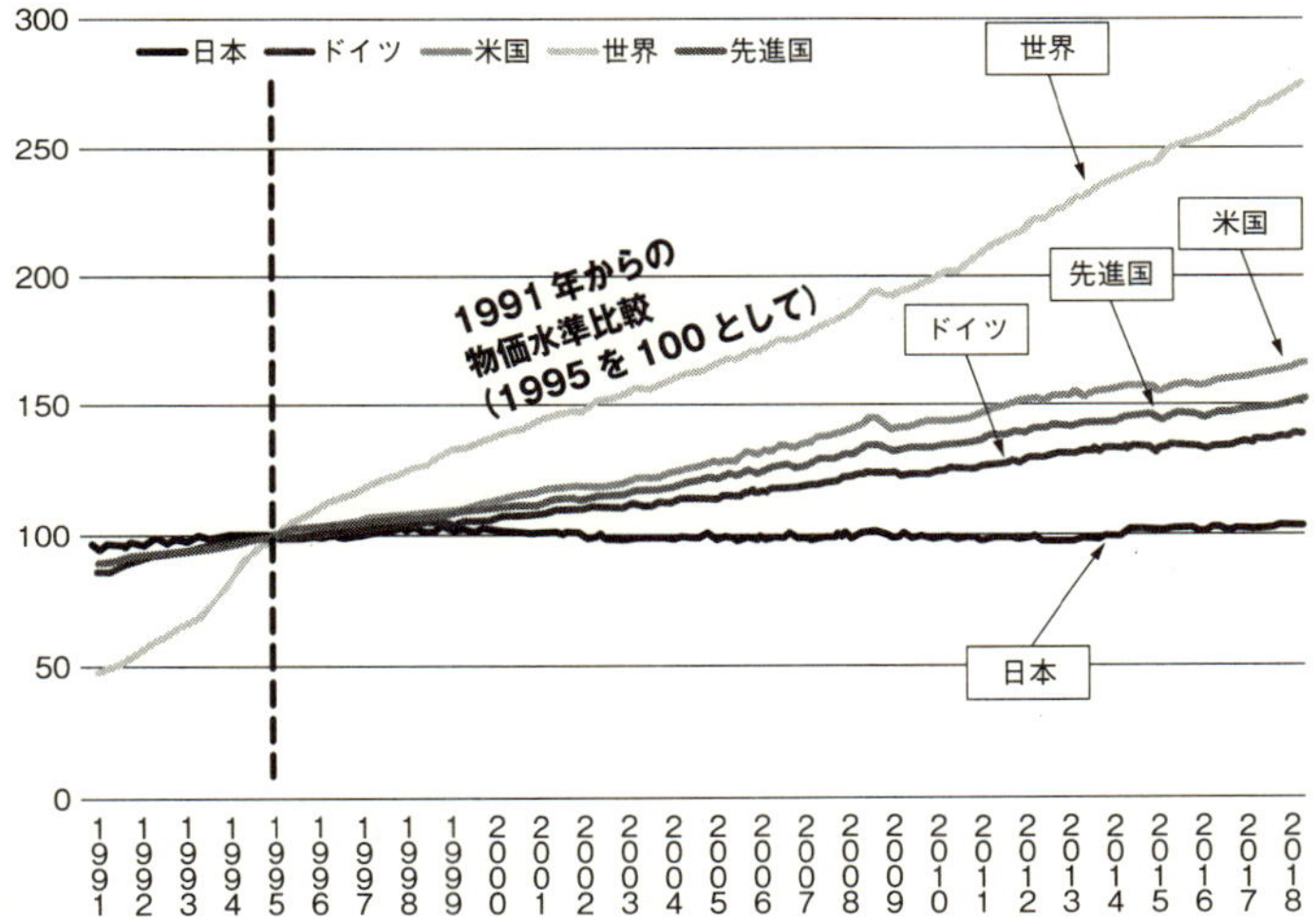


出所：ウェブサイト『ありがとう投信』、2018年10月11日のエントリーより引用

このグラフでまず気がつくのは、リフレ派がよく脅すように、「物価はゼロインフレとか若干のデフレとかの状態にとどまることはない。ある程度の水準（ほとんどなんの根拠もなく、年率２％前後と言われることが多いが）でインフレを維持していかないと、際限のない〈デフレ地獄〉に陥る」という議論がまったくのウソだということだ。日本ではもう30年近くゼロインフレからややデフレという状態がつづいているが、デフレ率が高まって経済が収縮する事態にはいたっていない。

そもそも経済が発展すれば、同じコストで今までよりいいものを多く作れるようになる。だから安定した経済成長をしている国は、むしろデフレ気味になるはずなのだ。それがはっきり見えてこないのは、1971年に当時のアメリカ大統領リチャード・ニクソンが米ドルの金兌換《きんだかん》停止を宣言して以来、世界各国が不換紙幣を大量に発行してインフレで借金の元利返済負担を軽減しようとしつづけているからだ。

## デフレが経済収縮を招いたのは1930年代だけ

また昔はリフレ派的なことを言っていた国際決済銀行（BIS）でさえ、2015年にかなり網羅的な歴史事例調査を行って、「5年以上持続した物価下落（デフレ）が経済収縮に結びついたのは第一次世界大戦と第二次世界大戦のあいだの時代だけであって、その前も、そのあともデフレは経済成長と両立していた」という結論を出している。その結論をまとめたグラフが次ページの図表だ。

ご覧のとおり、第一次世界大戦前のデフレ期には、実質GDPは年率1・1％で上昇していた。第二次世界大戦後も実質GDPは年率2・9％で上昇していた。その中間の

## デフレと実質GDP減少が併存したのは、1930年代大不況だけ！

**1870～2013年に5年以上つづけて消費者物価指数がピークを下回った事例は38件あったが、その1人当たり実質GDP動向は時期により大きく違う**

**古典的金本位制時代（32件）**

実質1人当たりGDPが年率1.1％上昇し、消費者物価指数が年率1.7％下落していたので、名目1人当たりGDPは年率0.6％下落

**両大戦間期（2件）**

実質1人当たりGDPが年率0.6％下落し、消費者物価指数が年率3.0％下落していたので、名目1人当たりGDPは年率3.6％下落

**第二次世界大戦後（4件）**

実質1人当たりGDPが年率2.9％上昇し、消費者物価指数が年率2.6％下落していたので、名目1人当たりGDPは年率0.3％上昇

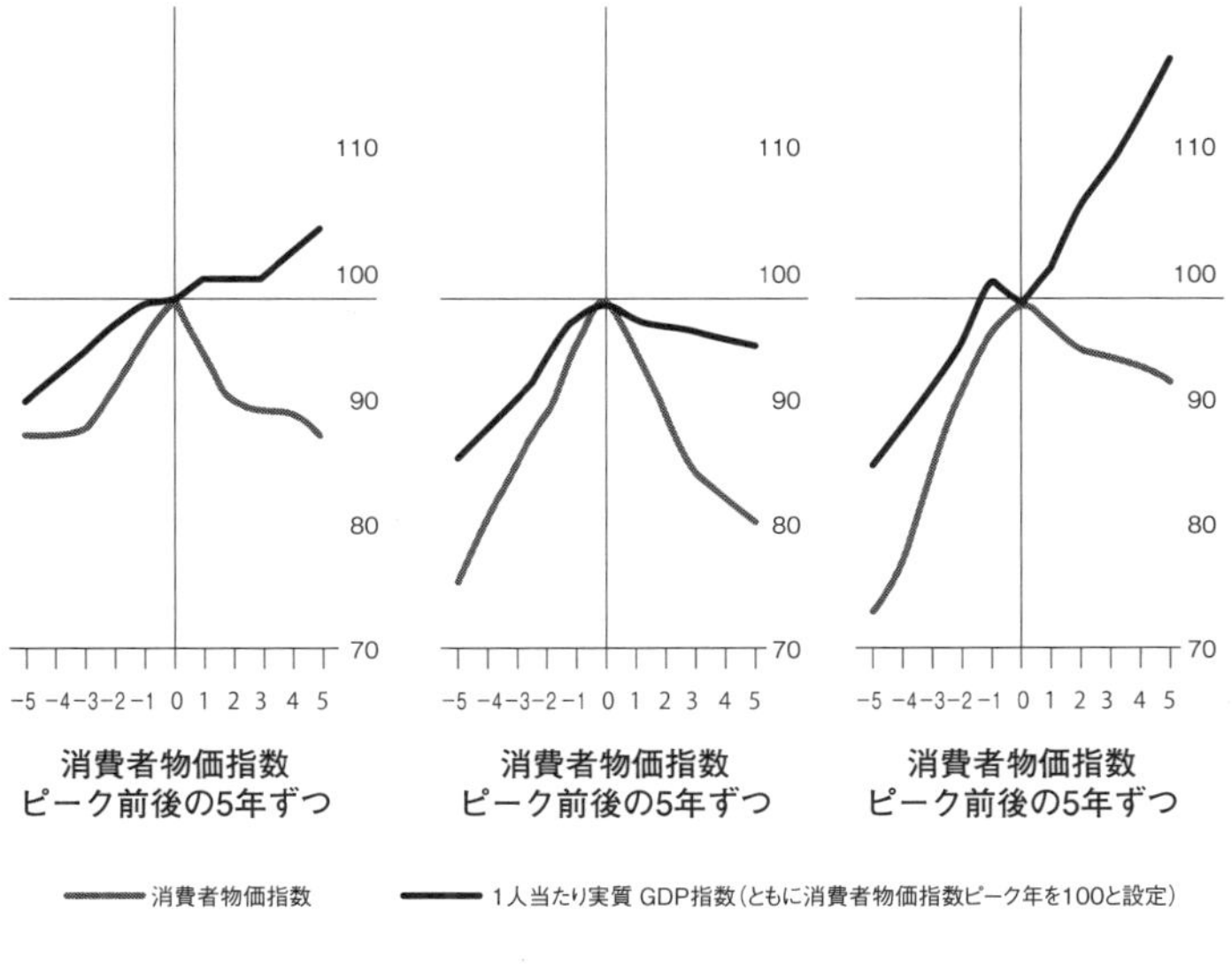


出所：国際決済銀行、『BIS Quarterly Review』、2015年3月号所収の「The Cost of Deflations: a Historical Perspective」より

1930年代の大不況期だけ、5年以上デフレがつづいていた国では実質GDPが減少していた。しかし、それは年率0・6％の減少という、「デフレ恐怖物語」論者の主張とは相いれないほど小幅の減少だった。

## インフレ率の高い国は庶民にとって住みにくい国

それ以上に注意していただきたいのは、かなり高いインフレ率がつづく国は住みやすい国なのかという疑問だ。大多数の勤労者にとって、あまり大幅な名目所得の伸びはどうせ見こめないからだ。現代の先進諸国における典型的なインフレ国家アメリカと、ゼロインフレ国家日本を例にとって、さまざまなサービス分野でどんな品目がどのくらい値上がりしているか。次ページの図表はそれを対比している。

私自身、今まで何冊かの本で読者の皆さんにアメリカでは大学授業料とか医療費とかがべら棒な値上がりをしているとお伝えしてきた。だから介護料金とか宅配便などの配送料も似たような値上がりをしていると想像していた。だが生活インフラの中でも、とくに必

## 日米主要サービス価格推移、2008～18年

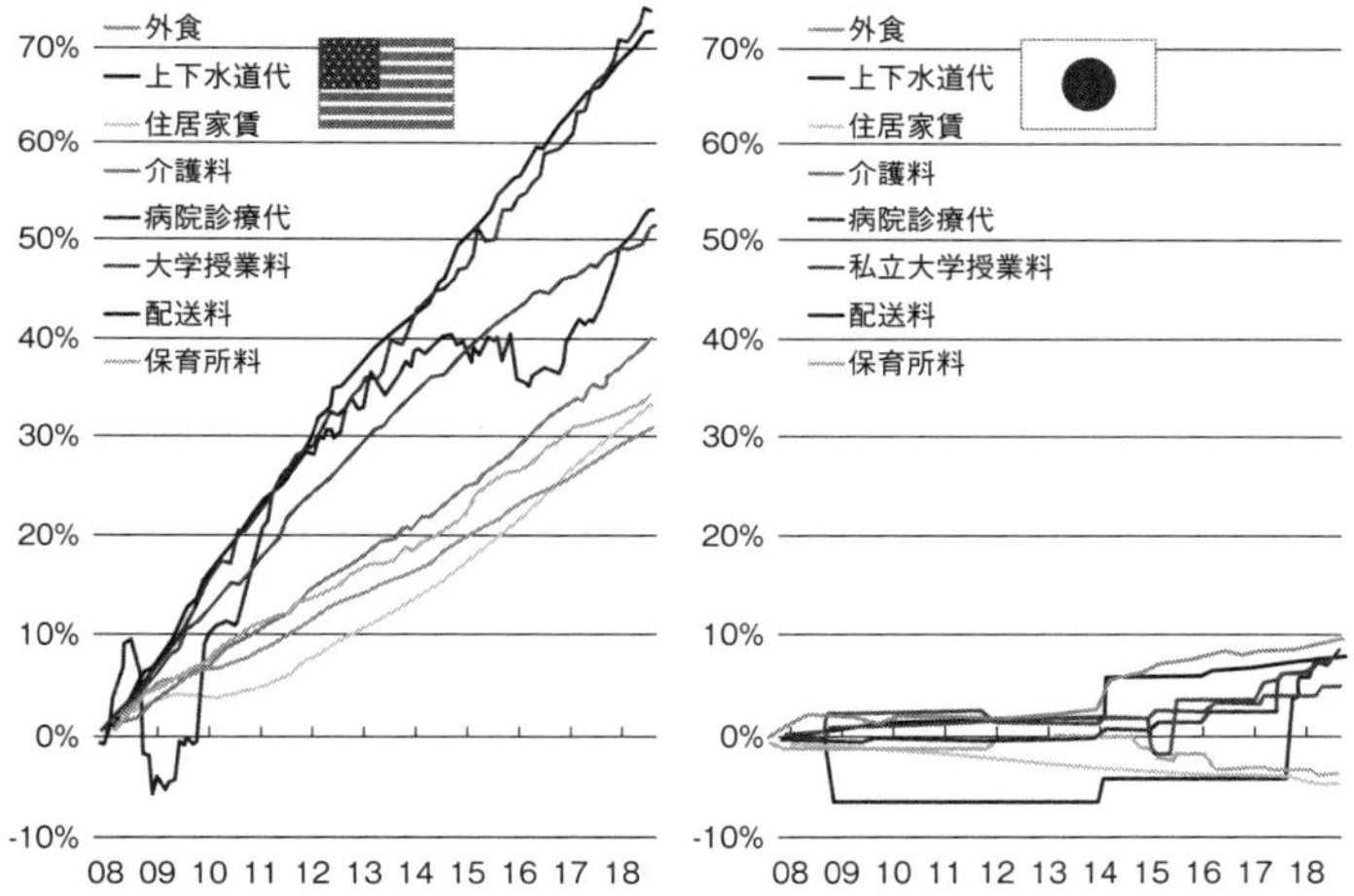


注：2008年年初来の変化率
出所：ウェブサイト『ありがとう投信』、2018年10月11日のエントリーより引用

要不可欠な上下水道料金が医療費並みの急上昇をしていることまでは気がつかなかった。

それに比べると、日本のサービスは値上がりしていても10年間で10％以下。つまり年率では1％未満で、保育料とか民営住宅の家賃は値下がりしている。あなたなら、どちらの国に住みたいかということだ。

しかし世の中にはどうしても「アメリカはいい国だ。日本もアメリカのように変えなければならない」と言いたがる、かわいそうな人たちがいる。「いや、アメリカの名目所得は物価と同様か、それ以上の伸びをしているから、アメリカ国

民の生活はちっとも苦しくなっていない」と主張したりする。この点を次ページの図表で検証しておこう。

まず、上段のグラフは実質所得の伸び率である。2000年前後から、もう「上の1割」層と「下の9割」層のあいだに累計伸び率でかなり大きな差がついてしまっていた。以降、どちらも同じように横ばいを維持しているように見える。ただ、あくまでも平均的な物価上昇率とほぼ同様の名目所得成長率なので、下から9割の層では、医療保険でカバーされない大病にかかったり、家族のひとりでも介護を必要とするようになったりすると、家計破綻の危機に陥ることが多い。

## どんどん拡大するアメリカの所得格差

また、このグラフで、ハイテク・バブルがピークに達した2000年以降の細かい山谷をチェックしてみよう。すると上から1割は振幅が大きい中で中長期では横ばいだが、下から9割は振幅こそ小さいがじりじり低下している傾向が見られる。その差を説明する1

## アメリカの上から10%と下から90%の所得成長経路 1948~2012年

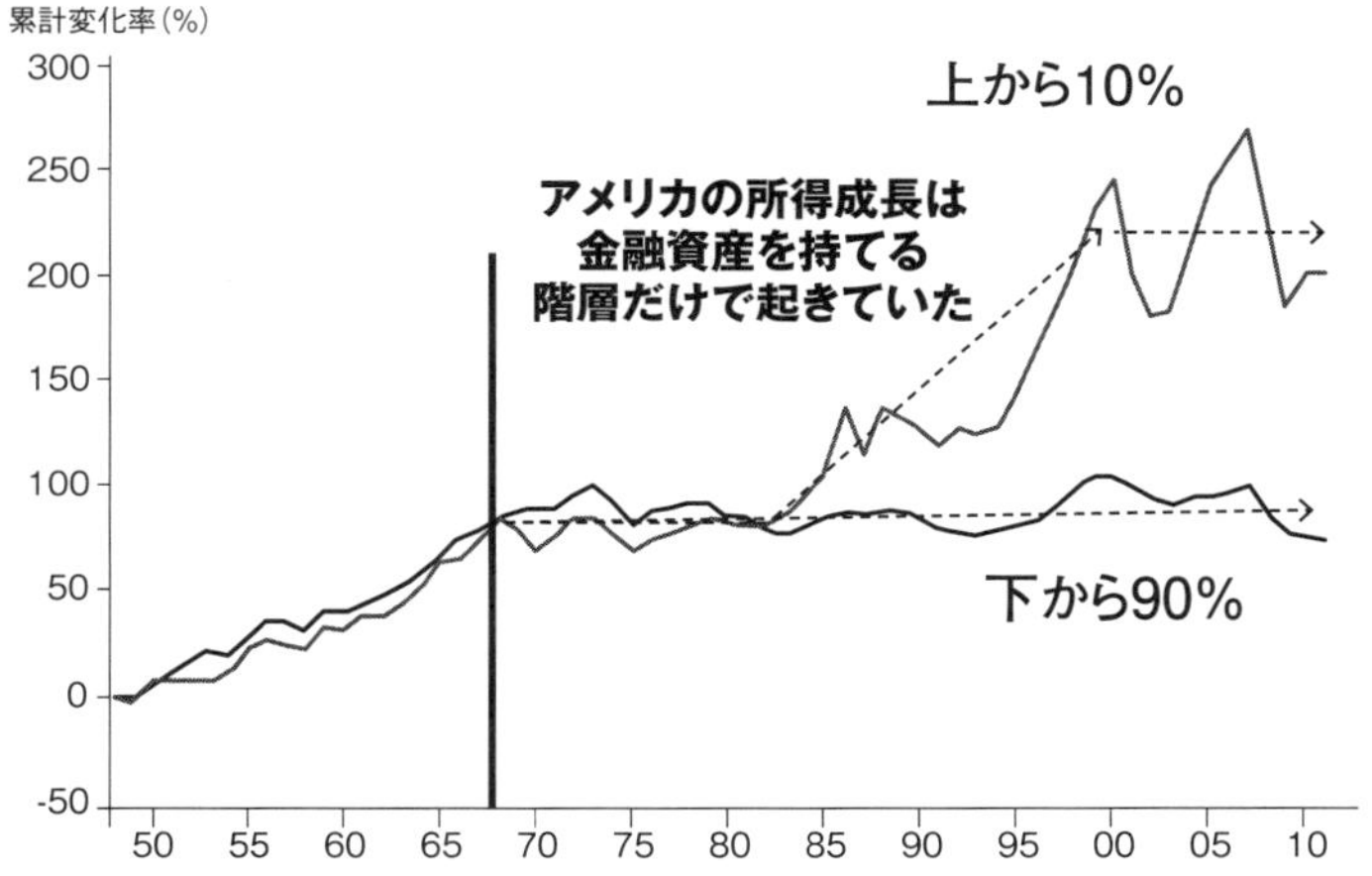


## 地球総生産推移、1980~2015年

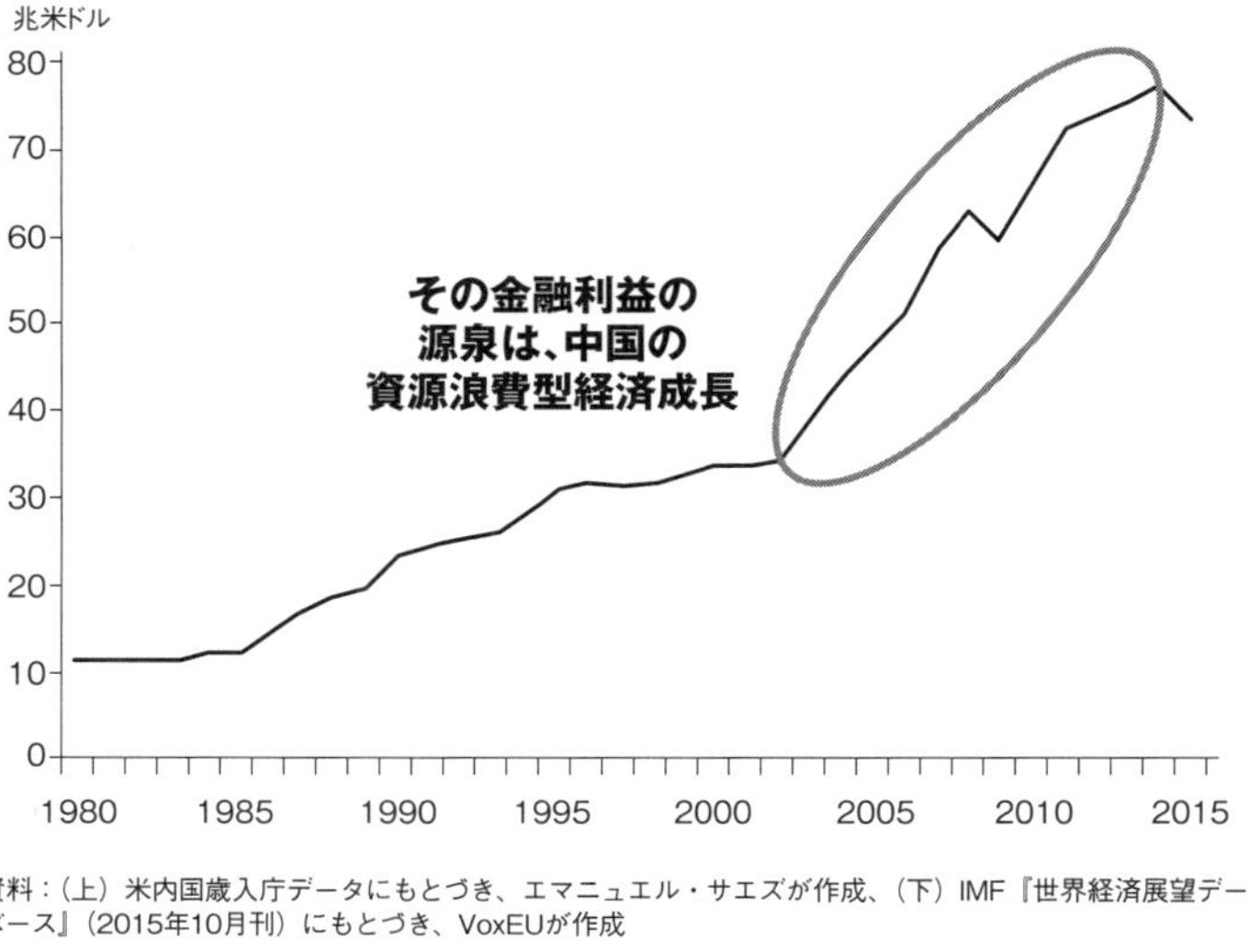


原資料：(上) 米内国歳入庁データにもとづき、エマニュエル・サエズが作成、(下) IMF『世界経済展望データベース』(2015年10月刊) にもとづき、VoxEUが作成

つの要因が、下段のグラフ「地球総生産の推移」だ。1980年以降のアメリカで上から1割の所得層は、基本的に地球総生産の推移をなぞった所得成長を達成している。それに対して下から9割は約20年間横ばいがつづいたあと、2000年以降はじりじり下げている。

いったい何が、この1対9の所得経路の大きなちがいを生み出していたのだろうか。両者で最大のちがいは、金利や配当収入が家計所得に貢献するほどの金融資産を持っているか、いないかだ。そう考えてみると、2つのバブルが派手に崩壊した2000年以降のアメリカ経済のパフォーマンスが、とくに全要素生産性で中国や韓国並みに良かったというのはほんとうだろうか。ほんとうにアメリカ経済が良かったのか、新興国への投融資で金融所得を稼げる階層の人たちだけが良かったのかという深刻な疑問がわいてくる。次ページの図表をご覧いただきたい。

上段はもし設備稼働率が一定の水準を維持していたらという仮定のもと、同じ労働量、同じ資本の質と量を投下した場合にGDPがどれだけ伸びていたはずかを計算した、全要素生産性の推移だ。ハイテク・バブルが崩壊した2002年からサブプライムローン・バ

## 米国設備稼働率調整済み全要素生産性推移 1952～2014年

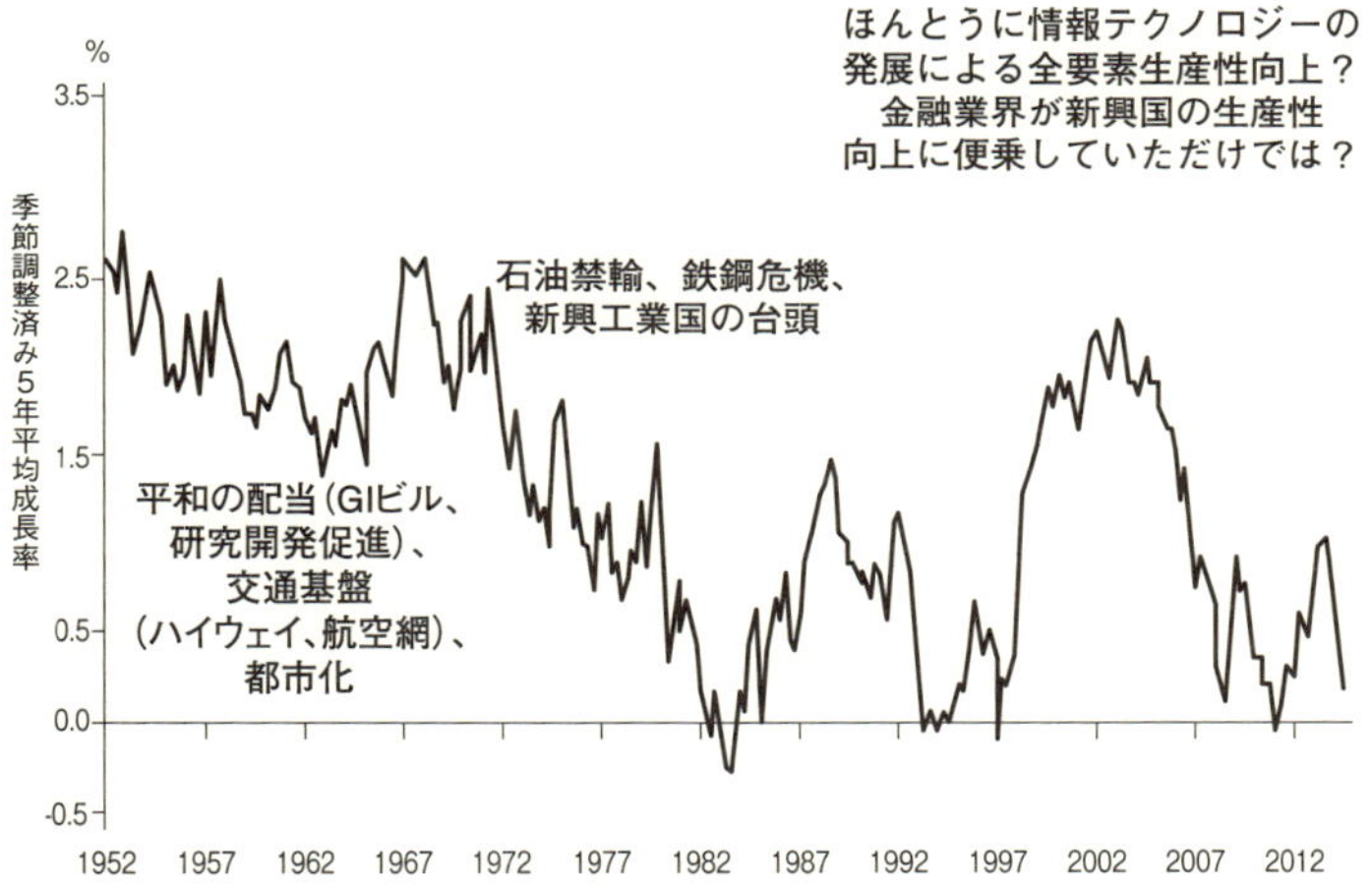


## 世界の生産性上昇率（年率換算景気循環調整済み）1964～74年から2004～14年（実績見込み）まで

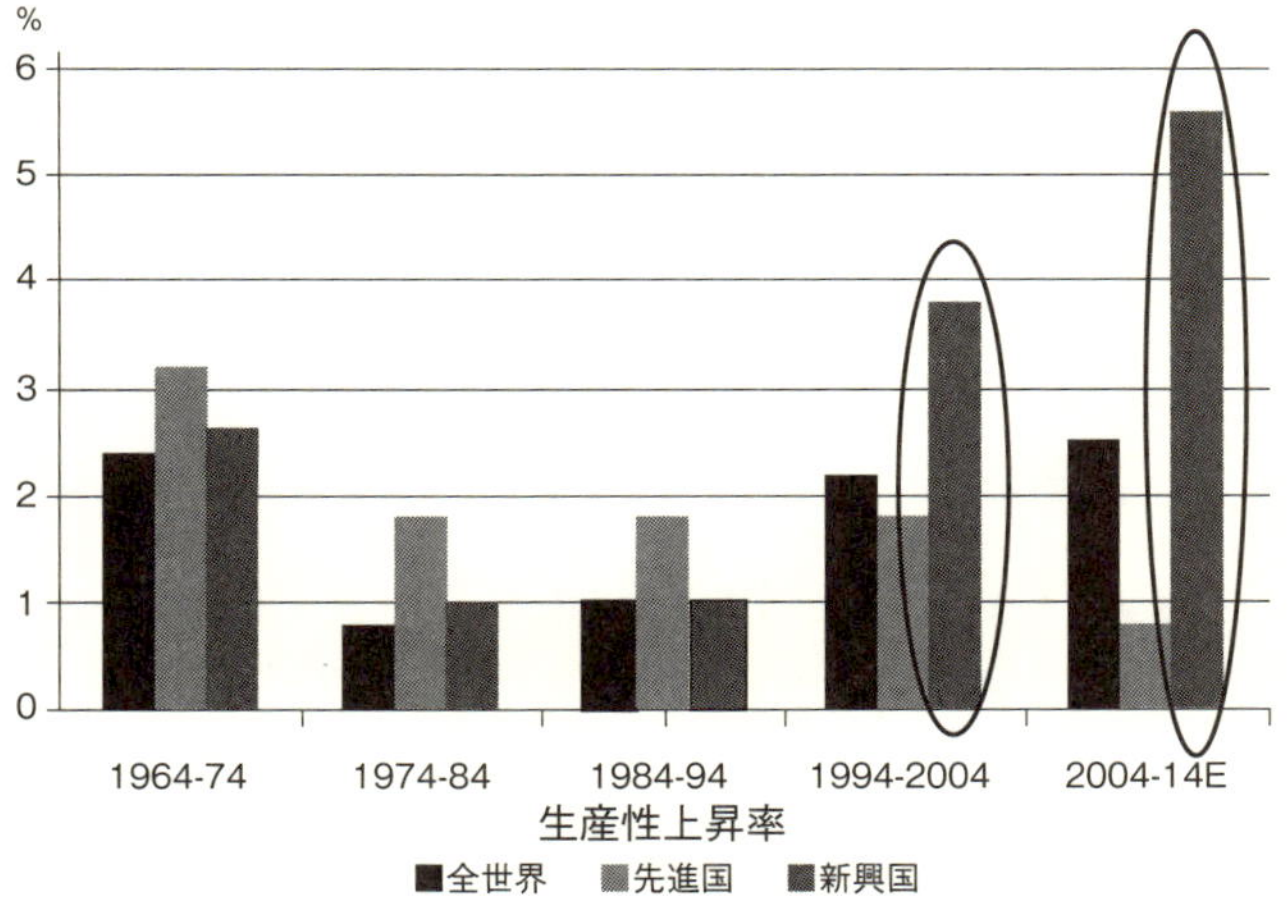


原資料：(上) JPモルガン・アセット・マネジメント、サンフランシスコ連銀、(下) BoAメリルリンチ、マッキンゼー

ブルが急膨張していた2005年までアメリカの全要素生産性は年率2・5%弱の上昇。過去四半世紀に中国・韓国が達成した水準に近い高いレベルで推移していたことになる。

## アメリカの生産性向上は、金融業が新興国の高成長に便乗したおかげ

下段のグラフを見ると、その間アメリカをふくむ先進諸国の生産性は、新興国の生産性に比べて伸び率がどんどん低下していたことがわかる。上段の2002~05年の高揚期に書きこまれた文章「情報テクノロジーの発展による全要素生産性の向上」が、先進諸国の中でアメリカだけに限定された現象だったという見方には説得力がない。やはり、この時期アメリカで起きていたのは、金融偏重というより、金融にほぼ全面的に依存した全要素生産性の上昇だったのではないだろうか。

次ページの図表は、この金融偏重の経済成長で所得格差が広まるというのは、アメリカだけではなく旧大英帝国領の国々に共通した傾向だということを示している。

## トップ1%の総所得に対するシェア推移、1900〜2014年

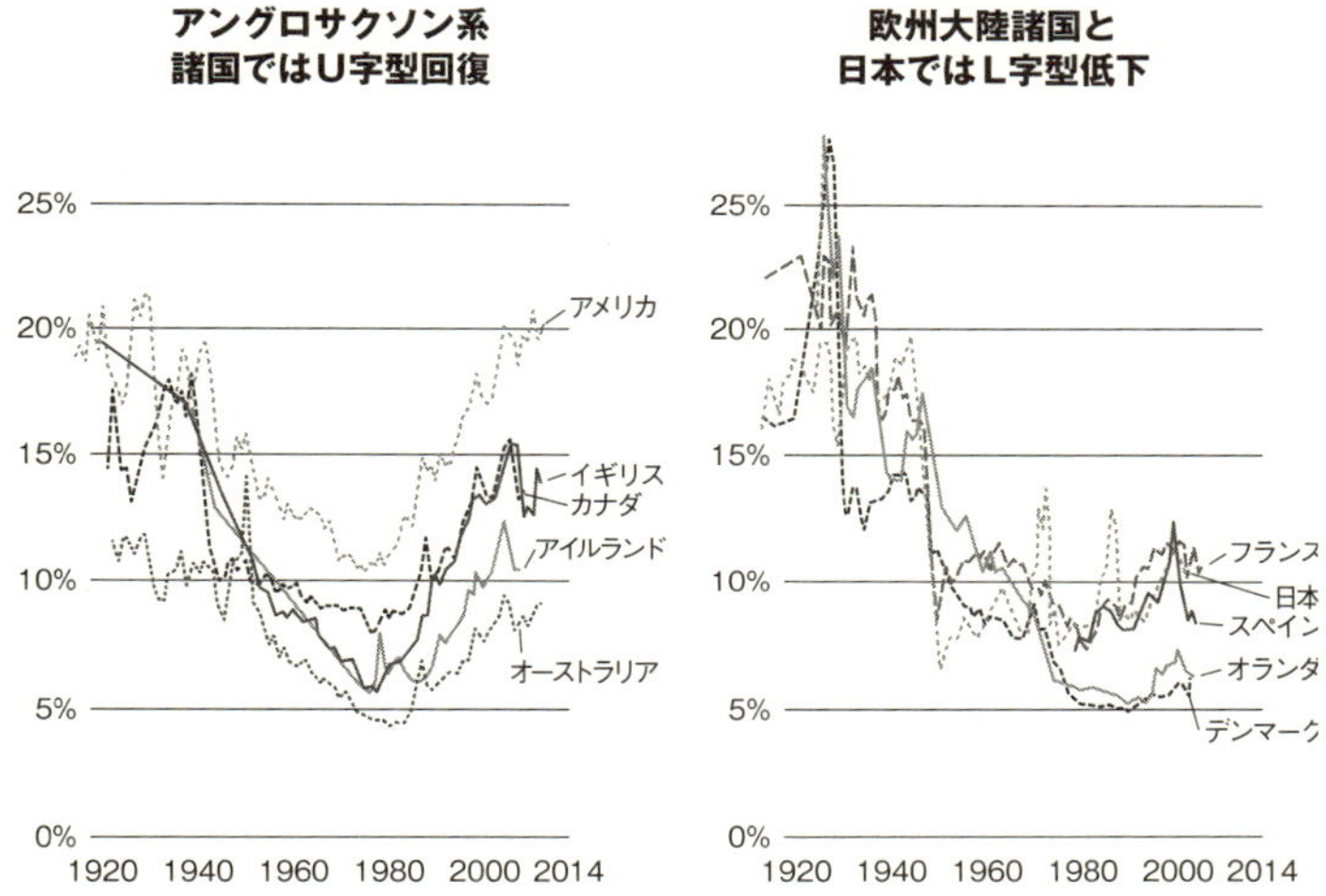


出所：ウェブサイト『Our World in Data』、「Income Inequality」のエントリーより引用

グラフ中ではアングロサクソン諸国となっている旧大英帝国領諸国は、軒並みそれまで平等化の方向に進んでいた所得分布が、1980年あたりを境に急激に不平等化への逆戻り現象を示す。そういう風潮だったから、ロナルド・レーガンやマーガレット・サッチャーが元首になったのか。レーガンやサッチャーが「弱者切り捨てをしなければ国全体として豊かになれない」と主張しつづけたから、実際に不平等性の高い社会に逆戻りしてしまったのか。この因果関係ははっきりしないが。

## 「格差が大きな国のほうが国民全体の富は拡大する」はほんとうか？

「弱者を切り捨ててはいけないなど生ぬるいことを言っているから、日本はいつまでも経済の低迷がつづくのだ」といった議論をする向きもある。だが、ほんとうにそうだろうか。1国が豊かになっているかを判断する指標として、その国で民間が保有している資産がどのくらい増えたか、つまり民間総資産の成長率を重視するのは当然だろう。そうすると、2007~17年の実績で、我々はネオコンとかリバタリアンとか呼ばれる人たちの主張している議論とはかなりちがう数字が出ていることに気づく。次ページの図表が、その具体的な数字を示している。

ご覧のとおり、民間総資産増加率は、日本22%に対してアメリカ20%と、日本のほうが高かったのだ。なお、この点について表中の注2との関連で、日本は2017年には2007年より円高になっていたので、「見かけ上、民間総資産増加率が高くなっただけ

## 民間総資産トップ10ヵ国の民間資産増加率、2007～2017年

**信じられないほどの集中度だが、世界民間総資産の73.5%は以下の10ヵ国が保有している。**

| 順位 | 国名 | 民間保有総資産（兆ドル） | 2007～17年の累計変化率（%） |
|---|---|---|---|
| 1 | アメリカ | $62.6 | 20% |
| 2 | 中国 | $24.8 | 198% |
| 3 | 日本 | $19.5 | 22% |
| 4 | イギリス | $9.9 | -2% |
| 5 | ドイツ | $9.7 | 0% |
| 6 | インド | $8.2 | 160% |
| 7 | フランス | $6.6 | -11% |
| 8 | カナダ | $6.4 | 25% |
| 9 | オーストラリア | $6.1 | 83% |
| 10 | イタリア | $4.3 | -19% |

注1）　2016～17年の単年では、世界の民間総資産は12%増加し、215兆ドルとなった。
注2）　ドイツ、フランス、イタリアといったヨーロッパ大陸諸国の低迷は、当該国の経済不振が主な原因だが、イギリスがマイナス2%となっているのは、この10年間でポンドが2.00米ドルから1.35ドルへと下落した為替変動が主な原因で、イギリスの国内景気はそれほど低迷していない。
出所：ウェブサイト『Visual Capitalist』、2018年5月4日のエントリーより引用

ではないのか」と疑問を持たれる方もいるだろう。２００７年の米ドルレートは１１６円で出発して一時１２３円へとドル高が進んだあと、年末には１０９円まで円が強くなっていた。一方、２０１７年には１１２円から１１４円のあいだでの小動きにとどまっていた。２００７年の円安への触れ方が大きかったので、平均値を計算すると２００７年１１７・８円、２０１７年１１２・２円と、約４・７%円高になっている。だが、これを為替レートだけの見かけ上の変化とするのはまちがっている。

２００７年から２０１７年の期間でポンドが米ドルに対して大幅に弱くなった

のは、国民経済全体としてイギリスがアメリカより弱かったからだ。だが、同じ期間に4・7%とわずかながら円が米ドルに対して上昇していたのは、日本経済のほうがアメリカより強かったからだと見るべきだろう。実際に各国通貨がどれだけの財やサービスを買えるかは、基軸通貨である米ドルに対して高くなるか、安くなるかで決まるのである。それはすなわち経済として強いか、弱いかということなのだ。

## 物価変動率の縮小と経済発展は手に手を取って進んできた

インフレ率の低い社会には、少なくとも2つ大きな利点がある。1つ目は、将来の見通しが立てやすいので、経済活動の基盤が安定することだ。もう1つは損得勘定のできる権力者なら、低インフレの時代に戦争を起こそうとはしないという意味で、平和な世の中の実現だ。まず経済活動の基盤整備としての低インフレの効用から見ていこう。次ページの図表をご覧いただきたい。

## 市場経済の隆盛をもたらしたのはインフレの克服だった

### 世界のインフレ率中央値、長期（1210年～）と短期（1800年～）

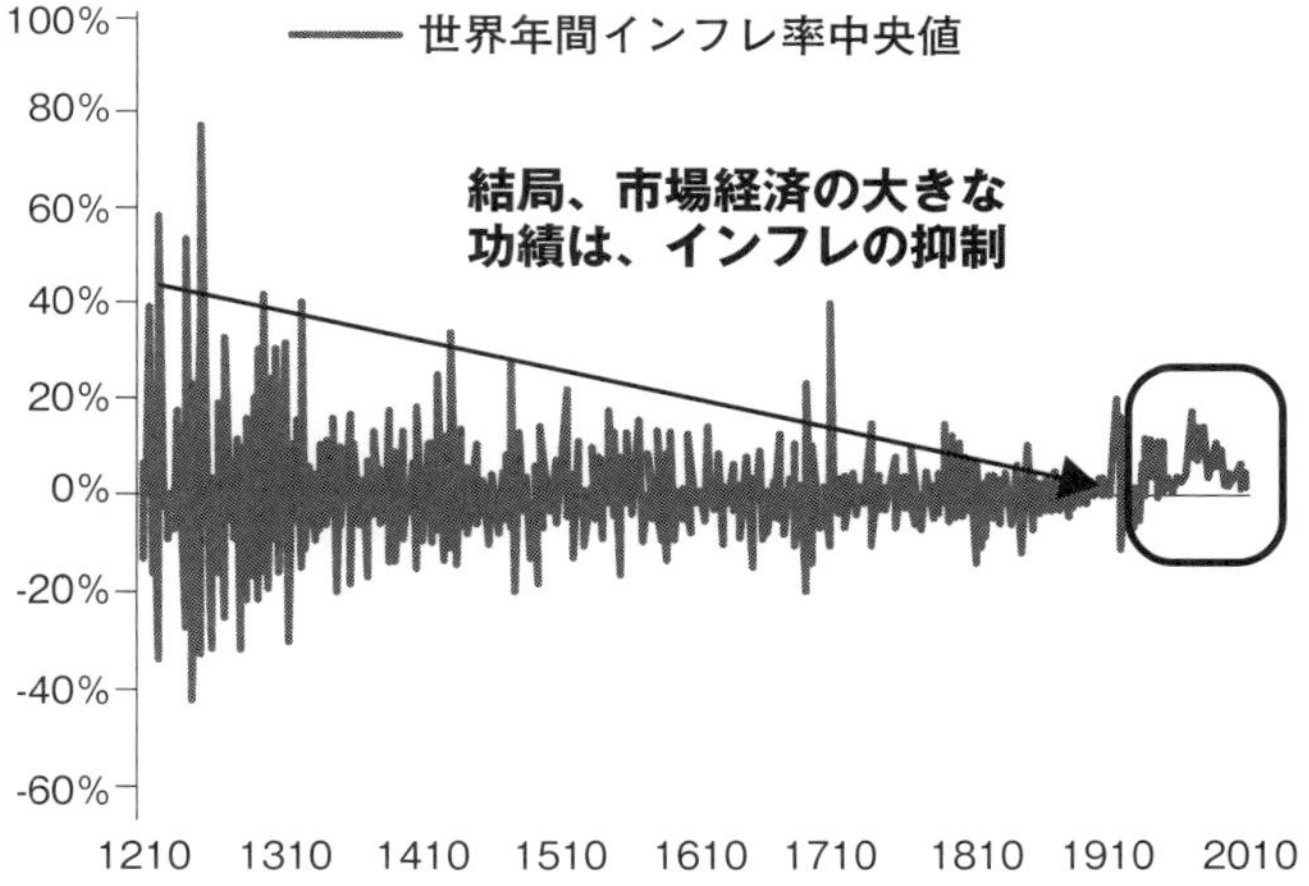


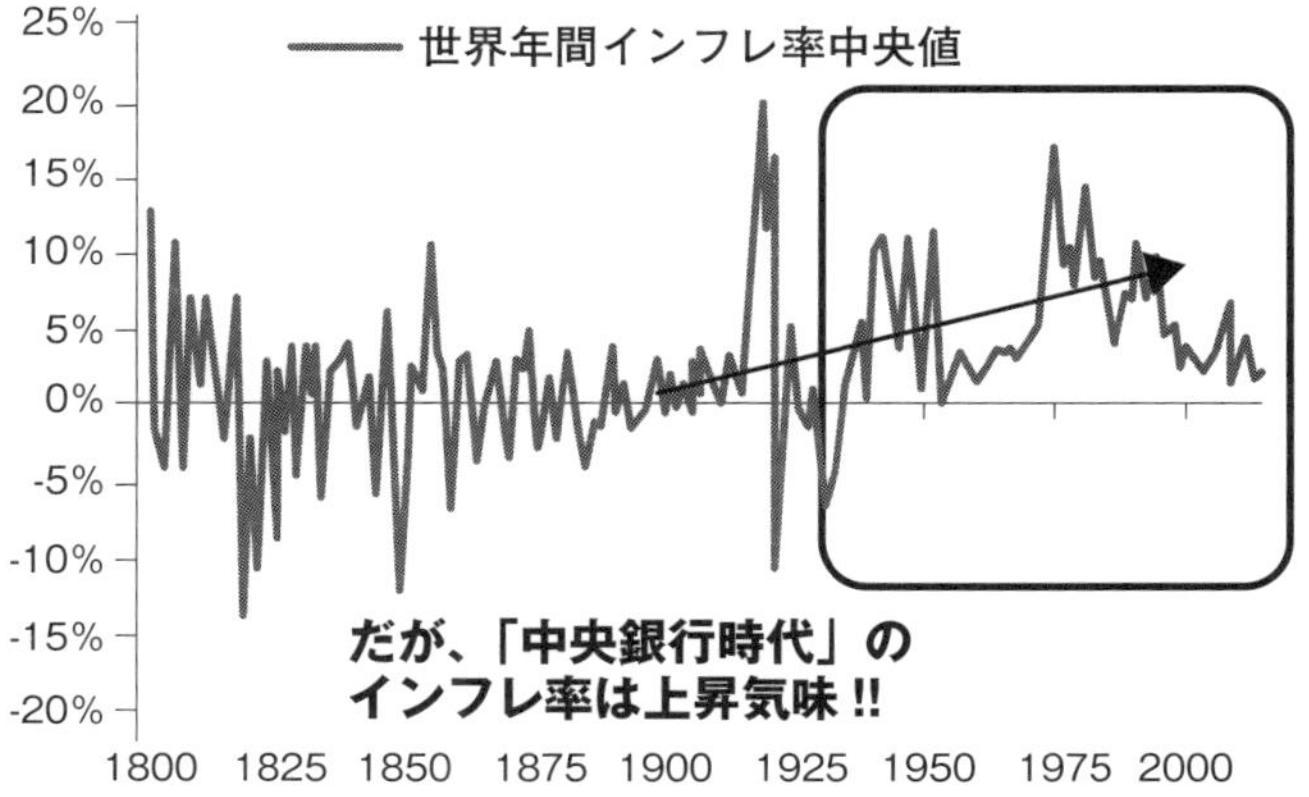


**また、「インフレがあれば、デフレもある」**
**自然な循環の消滅！**

原資料：ドイチェバンク、グローバル・フィナンシャル・データ社
出所：ウェブサイト『Zero Hedge』、2014年9月11日のエントリーより引用

上段のグラフは1200年代初頭から現代までという超長期の世界各国インフレ率中央値（上から数えても下から数えてもまん中の数値）の推移だ。時代をさかのぼればさかのぼるほどインフレ率も、その反動としてのデフレ率も高く、生産活動も商業活動も近い将来の見通しさえ立てにくい世の中だったことが明らかにわかる。しかし市場経済が浸透するにつれて、インフレ率もデフレ率も下がって、ゼロインフレに向かって収束する傾向が顕著になった。つまり見通しの立てやすい世の中になって経済活動全体が活発化していったことも読み取れる。

だが下段のグラフは、主要国の中央銀行の役割が強化された1910年前後から、重大な変化が生じたことを示している。インフレが起きても、その反動としてのデフレが起きないので、短期的には低インフレでも長期的な累積効果では貨幣価値が激減する世の中に変わってしまったのだ。

なぜ中央銀行の権限強化がデフレのない世の中を招き、結果として長期的な貨幣価値の下落を招いたのだろうか。1つには、国、大手銀行、大企業はどんどん借金をしたがる体質があるからだ。結局は国から権限を付与されている中央銀行は、ご主人様である「借金王」たちのご要望に応えざるをえないことだ。

# インフレは戦争で大増発した国債の元利返済負担を軽減する

もう1つは、中央銀行の権限強化とほぼ同時にやってきた、戦争遂行コストの急上昇だ。第一次世界大戦は、近代国民国家同士の総力戦がいかにカネのかかるものかを、疑問をさしはさむ余地のないかたちで交戦諸国首脳の鼻先に突きつけた。交戦国はそれぞれ、徴税ではとうてい賄いきれない戦費を国債という借金で埋めるわけだ。しかも戦争が終わっても、結局正直に元利を返済しきることはできず、戦後インフレという手段で元利返済の実質負担軽減を図る。国債の元本にしても、金利にしても、発行した時点での時価なので、インフレが進めば進むほど返済負担は小さくなるわけだ。172ページの図表がこの傾向を明瞭に示している。

ヨーロッパ基準でいえば戦争の少ない平和な時代だった19世紀を通じて、インフレの国とデフレの国はだいたい半々だった。ところが2つの世界大戦の最中に、デフレの国の比

## 「中央銀行」時代にはデフレ消滅？　1800〜2014年
### 年間インフレ率マイナス国のサンプル全体に占める比率推移

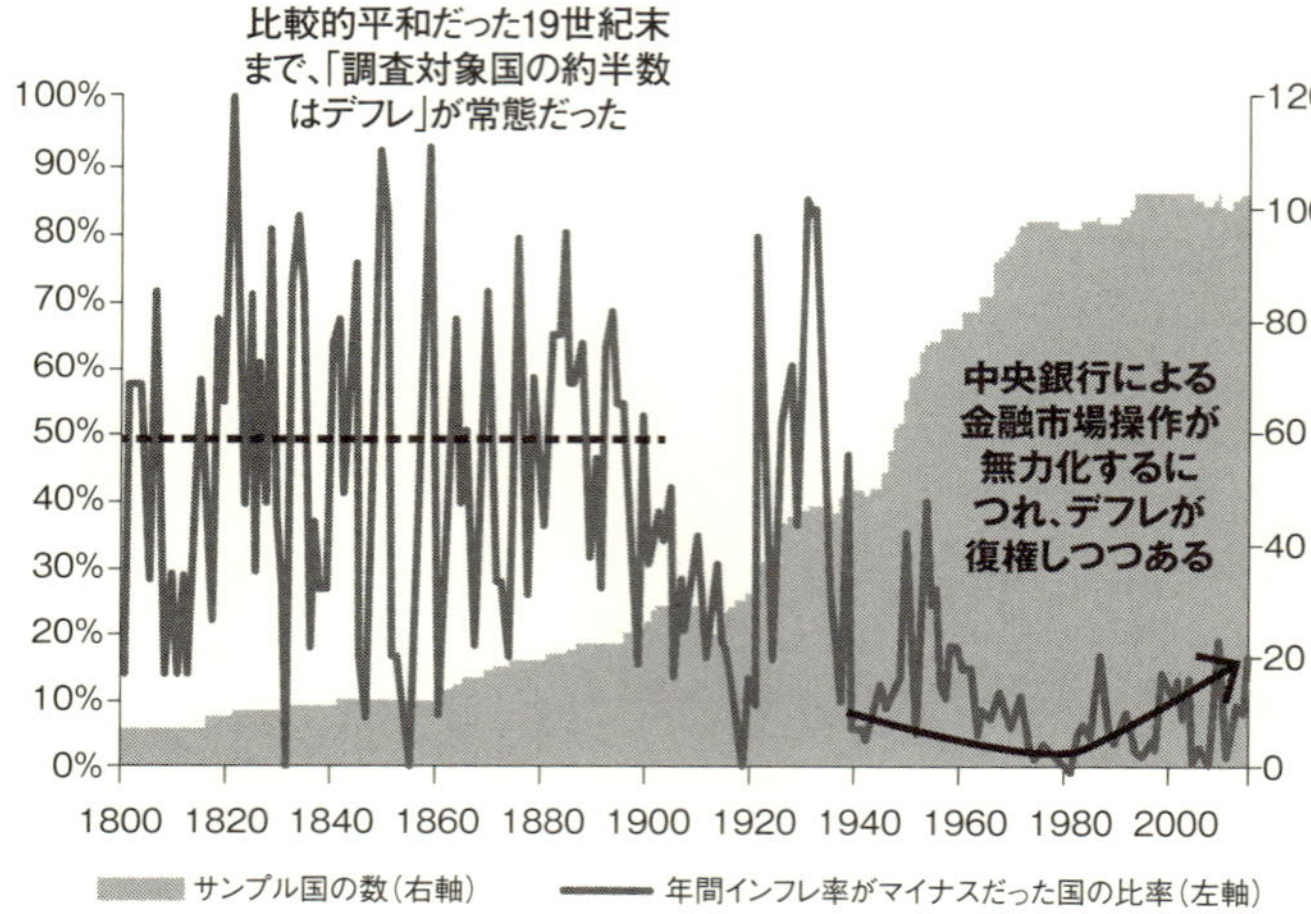


原資料：ドイチェバンク、グローバル・フィナンシャル・データ社
出所：ウェブサイト『Zero Hedge』、2014年9月11日のエントリーより引用

率はほぼ一貫して1桁のパーセンテージに下がってしまう。つまり調査対象にふくまれる国々の9割以上でインフレが起きていたのだ。ただ1930年代には各国政府と中央銀行の第一次大戦のために乱発した国債の元利返済負担を何とか軽減したいという切実な願いにもかかわらず、デフレの国が過半数となっていた。

この図表の右端のほうに目を転ずると、各国中央銀行が無節操な金融緩和にふけるようになった2010年ごろから、デフレ進行中の国が全体の10%を超えるようになってきた。これは世界平和を望む人たちにはまちがいなく朗報だ。

## 低インフレやデフレの世の中では派手な戦争はできない

損得勘定のできる権力者は低インフレの金融環境の中でカネのかかる総力戦をやろうとはしないだろう。戦後インフレという手で元利返済負担を大幅に圧縮しなければ、国家破綻、権力の喪失はほとんど確実だからだ。174ページの図表は、イギリスにとってナポレオン戦争以降の大戦争が、いかに国家債務を拡大したかを示している。また、第二次世界大戦まではやはり敗戦国のほうがみじめだったという事実が、下段に出ている。ドイツ国民が半強制的に買わされたドイツ国債の価値が、戦後インフレでほぼゼロになってしまったからだ。日本の事情も似たようなものだった。

軍事力が劣勢の国のほうが国債価格の下落率が高いから国民総資産の目減りも大きいという点は第二次大戦後も同じではないかという質問が出るかもしれない。だが、そこでは似通った軍備をととのえることができる近代国民国家同士の総力戦が前提とされる。アメ

## イギリスの国家債務は大戦争のたびに急拡大していた

### 両大戦後のインフレによる債券収益率の落ち込みは、国家債務軽減に大きく貢献

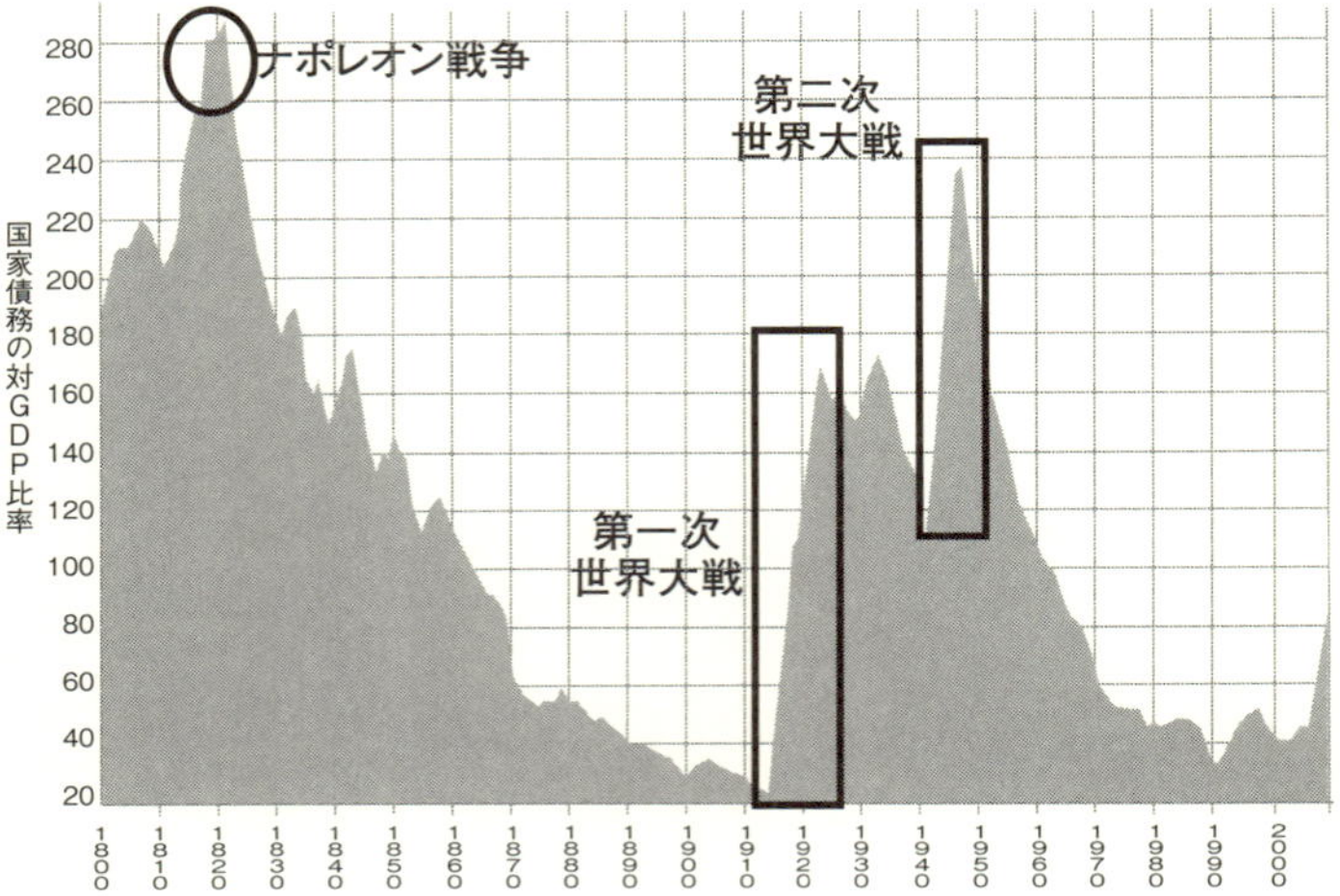


## ドイツの金融資産の長期収益率

### 1900～2013年の累計実質収益率（1900年を1として指数化）

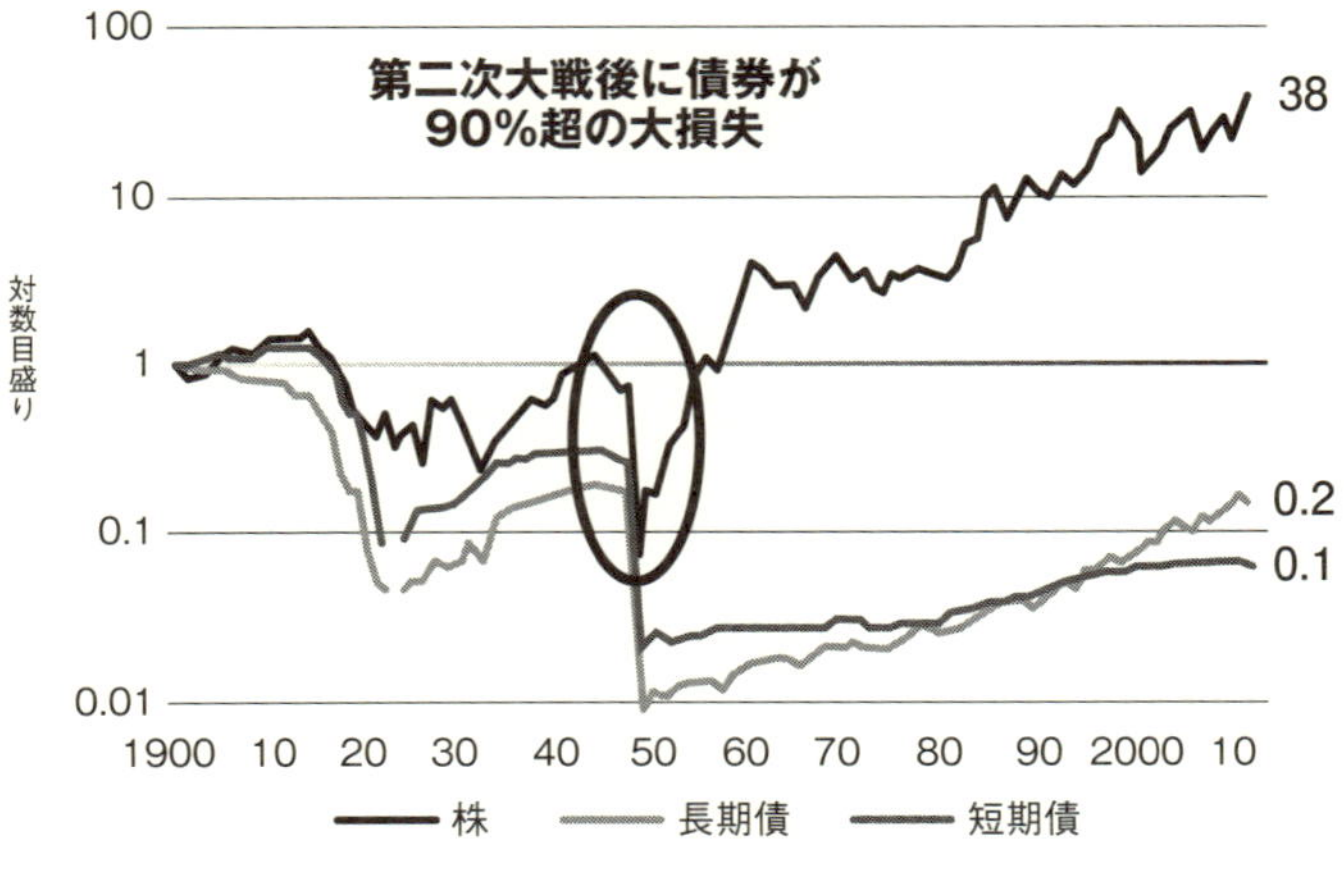

リカや旧ソ連のような軍事大国の高価なハイテク兵器がテロリストやゲリラの安い手製爆弾などで簡単におしゃかになってしまう。ことほどさように経済軍事大国の正規軍と弱小国のゲリラやテロが対峙する、いわゆる「非対称型武力紛争」では、金銭的な損得勘定でもつねに持たざる側が有利なのだ。

イギリスに話を戻すと、大戦争のたびに急増した国家債務を、イギリス政府は戦後インフレで実質負担を縮小して切り抜けてきたわけだ。だが、これからカネのかかる総力戦をおっぱじめようとする国家があったら、今度もまた戦後インフレで債務の実質負担を軽減できると言えるだろうか。

すでに世界中の主要国が、金融緩和のためにそうとう国家債務を増やしている。だが物価インフレが加速する気配は皆無で、金融資産の価格上昇しか起きていない。戦争をすれば物資が欠乏するから否応なくインフレ率は高まると、誰が断言できるだろうか。戦争は実物資産を情け容赦なく破壊するが、契約書を燃やしても金銭貸借関係自体が消滅するわけではない。

慢性的に設備稼働率が低い現代経済では、かなり大規模な実物資産の破壊があっても、ほとんど物価上昇なしにそれを埋め合わせる増産ができてしまうかもしれない。しかし戦争のために増発した国債の元本総額は確実に、そして大幅に増加するのだ。

なお、「それでもデフレの1930年代に史上最大の戦争が起きたではないか」と反論する方がいらっしゃるかもしれない。だが、あの戦争もまた、国家債務軽減のために起きたわけだ。ドイツは賠償金の支払い義務を反故《ほご》にし、資源の豊かな地域を占領するために、また日本は満州国の資源確保と東南アジアの資源豊かな地域占領のために。しかし無賠償・無併合の講和がルールとなってから、戦争に勝つことはまったく儲からない世界になっている。よって1930年代との比較は無意味なのだ。

「いったん戦争が起きれば、ルールなんて平然と無視できる」とおっしゃる方もいるだろう。だが、そうではない。第二次世界大戦以降の戦争はほとんど全部、「実戦で勝ったほうが勝ち」というルールから「国際世論の同情を買ったほうが勝ち」というルールに変わっていて、アメリカやロシアでさえ、このルールに逆らって成功したためしがないではないか。

# 第五章

# 輝く平和遺産を活かし、日本の国防は老衛兵で

前章の日本の機関投資家と個人投資家の投資実績比較で見たとおり、日本は愚鈍な知的エリートと賢い大衆が共存する国だ。だからこそ、日本はサービス業主導経済で最強国となる。サービス業主導経済で起きる最大の変化は、企業の小規模化と意思決定機能の分散だからだ。経済をけん引するのは重厚長大産業の巨額設備投資ではなく、なるべく大勢の消費者が喜んでカネをつかいたがる経済、大衆の多様な趣味・嗜好に多品種少量生産で応える中小零細企業が幅広く存在することなのだ。

つまり「少数の知的エリートが無知な大衆のために考えてやる」社会ではなく、みんながそれぞれ自分なりの方針を考えて、あっちこっちにてんでんばらばらに動く社会になる。主義主張（大きなストーリー）より趣味趣向（小さなストーリー）が、企業の盛衰も生活の豊かさも決定する世界になるのだ。

## 日本国民の平均「知」の高さはすでに立証済み

日本が超人的な天才はあまり生まないが、平均的に知的能力が高い国だということは、統計的にも立証されている。１８０ページに掲載した世界の平均ＩＱトップ40ヵ国の図表を見れば一目瞭然だろう。

日本の大手メディアのあいだには「日本にとって明白に良いニュースは報道してはならない」という不文律でもあるらしい。毎年ではないが、国民平均ＩＱ世界地図はかなりひんぱんに発表されている。ここで日本は上位の常連となっている。だが日本の新聞やテレビでこの事実が報道されたのを見た記憶がない。

ちなみにこの最新の調査では世界平均値は82まで下がっていた。その中で、アメリカは27位の97だった。たしか3年前の調査では、世界平均値が86と今回よりかなり高かったのだが、アメリカは9位に入っていたはずだ。過去数年間でＩＱの世界平均値は顕著に下がったが、アメリカの低下率は世界平均値より急激だった可能性が高い。エリートが大衆を

## 世界の平均IQトップ40ヵ国、2019年版

| 順位 | 国名 | IQ | 順位 | 国名 | IQ |
|---|---|---|---|---|---|
| **1** | **日本** | **107** | 21 | スロベニア | 99 |
| **2** | **台湾** | **106** | 22 | ニュージーランド | 99 |
| **3** | **シンガポール** | **106** | 23 | オーストリア | 98 |
| **4** | **香港** | **105** | 24 | アイスランド | 98 |
| **5** | **中国** | **104** | 25 | デンマーク | 98 |
| **6** | **韓国** | **102** | 26 | ベルギー | 97 |
| 7 | ベラルーシ | 102 | 27 | アメリカ | 97 |
| 8 | フィンランド | 101 | 28 | ノルウェー | 97 |
| 9 | リヒテンシュタイン | 101 | 29 | スウェーデン | 97 |
| 10 | ドイツ | 101 | 30 | フランス | 97 |
| 11 | オランダ | 101 | 31 | ポーランド | 96 |
| 12 | エストニア | 101 | 32 | スロバキア | 96 |
| 13 | ルクセンブルク | 100 | 33 | ロシア | 96 |
| 14 | マカオ | 100 | 34 | リトアニア | 96 |
| 15 | カンボジア | 100 | 35 | クロアチア | 96 |
| 16 | カナダ | 100 | 36 | アイルランド | 95 |
| 17 | ハンガリー | 99 | 37 | チェコ | 95 |
| 18 | オーストラリア | 99 | 38 | ラトビア | 95 |
| 19 | スイス | 99 | 39 | イタリア | 94 |
| 20 | イギリス | 99 | 40 | スペイン | 94 |

出所：ウェブサイト『Unz Review』、2019年4月10日のエントリー「世界の国民平均IQ地図、2019年版」付表より作成

引っ張るのではなく、大衆の自主的な判断が経済を発展させるという構図が明確になるにつれ、アメリカの国民平均ＩＱの低下が深刻な問題となっていくだろう。

この表には、もう1つ目立つことがある。それは東アジア漢字文明圏の圧倒的な強さだ。1位から6位までを漢字文明の恩恵を受けてきた東アジア諸国が独占している。この中でシンガポールは、中国系国民とマレー系、インドネシア系など非中国系の国民のあいだに、かなり大きな教育水準と所得水準の差があることが指摘されている。

ただ、そうした問題もふくめて、東アジアの漢字文明圏に属する国々が国民ＩＱ平均値では軒並みトップレベルだ。

唯一東アジア漢字文明圏に属しながら上位に入っていない北朝鮮は、この調査には参加したものの、データの統計処理に誤りがあったので、調査対象から外されたらしい。

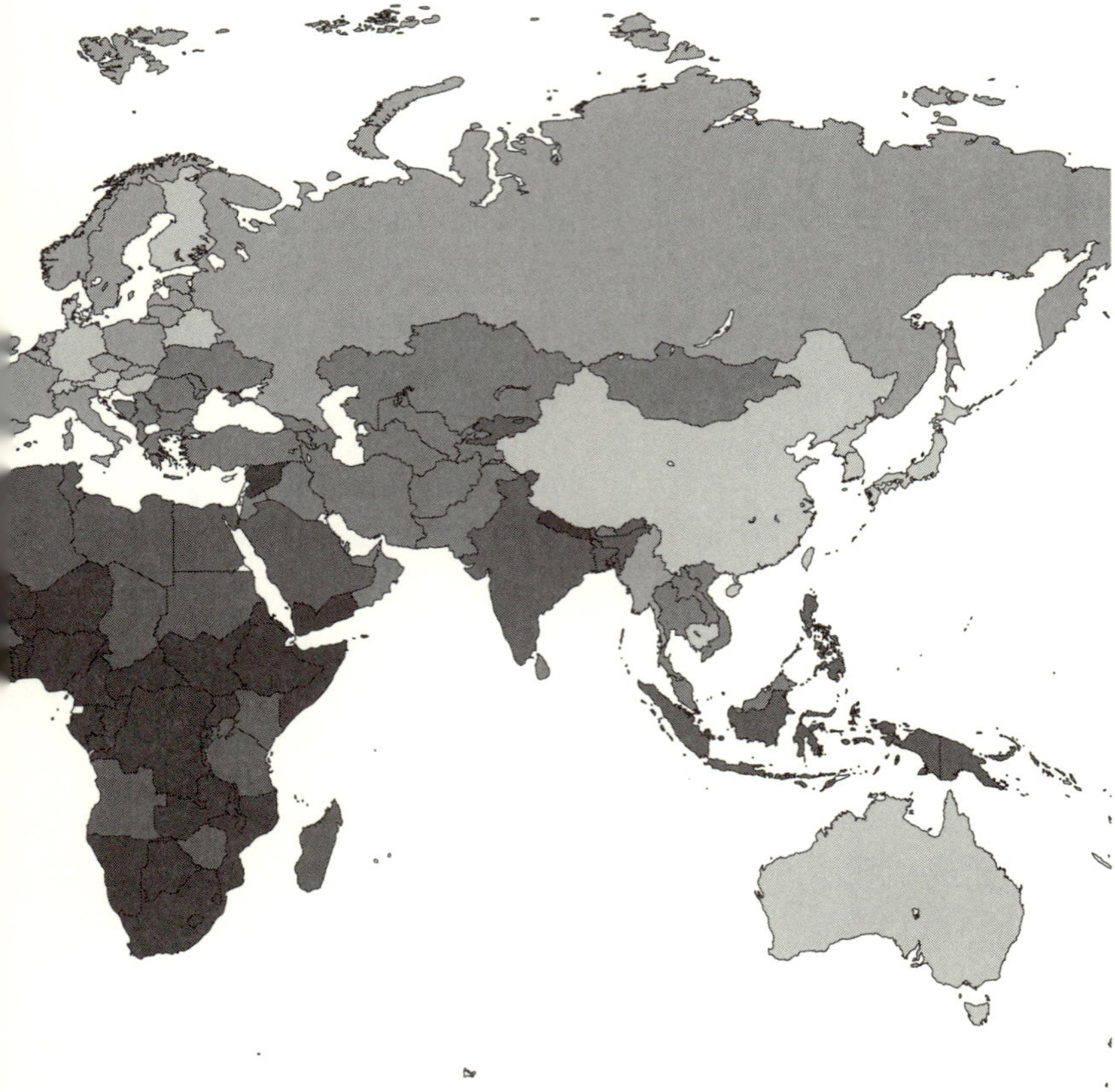

## 世界諸国の国民平均IQ地図、2019年版

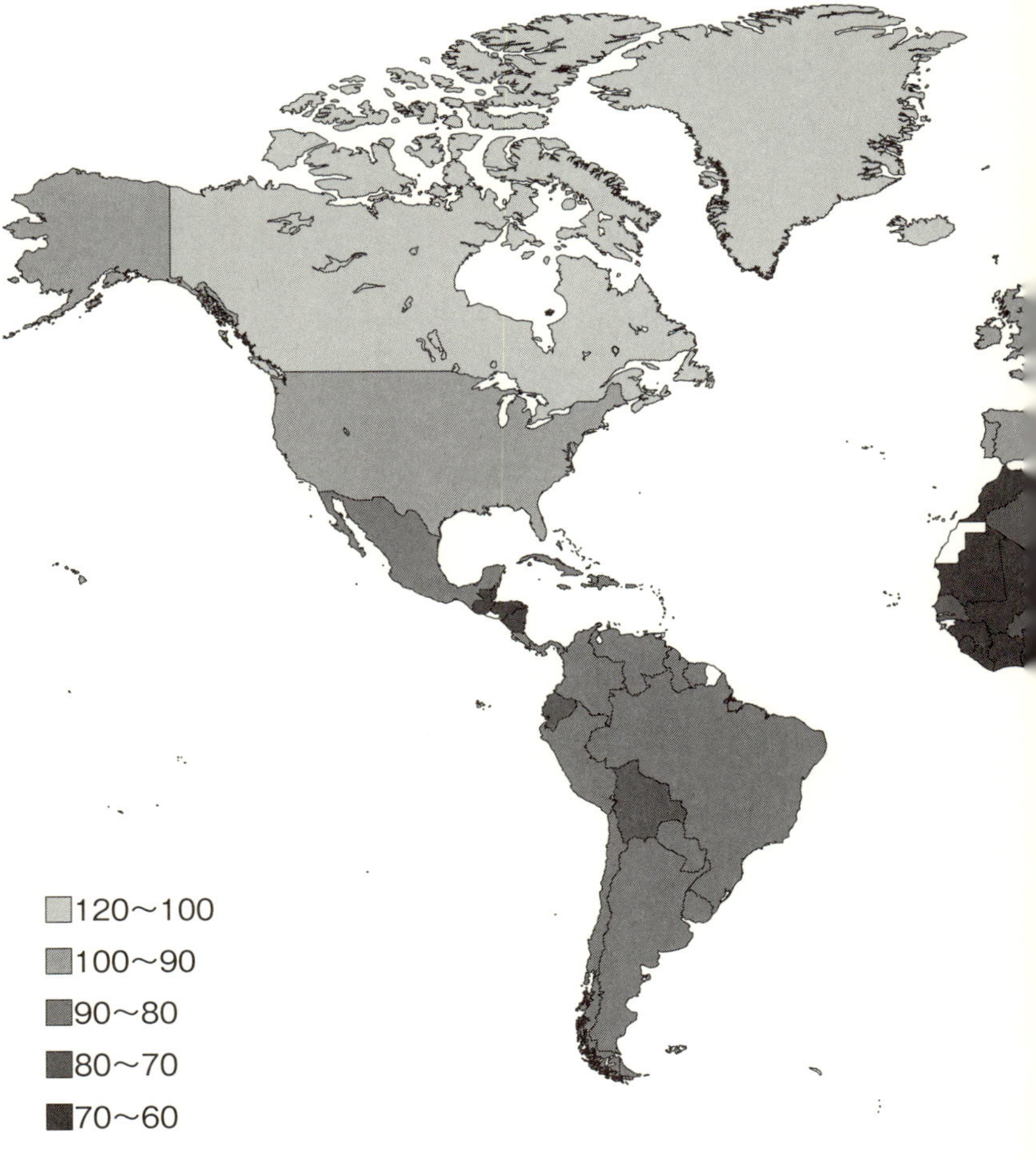


出所：ウェブサイト『Zero Hedge』、2019年4月10日のエントリーより引用

## 東アジア漢字文明圏の強さには、説得力のある理由あり

IQテストで測る重要な項目の1つが、計数能力だ。この計数能力の分野では、母語がヨーロッパ系諸言語という人たちに比べて、漢字文明圏の諸国民は圧倒的に有利な立場にある。数字を読み上げるときの言葉と、それを数字として表すときの数字の並べ方にほとんど不整合がなく、すなおに読み上げればそれが数字表現と一致することだ。

こういう説明を読んでも、なんのことだかさっぱりわからないとおっしゃる方が多いだろう。それは、我々が言葉で表現した数字と、数字そのもののあいだにまったく「変換」を必要としない文明圏に育ってきたからだ。次ページの図表をご覧いただきたい。

上段は同じ97という2桁の数字を、ヨーロッパの4つの言葉と、日本語でどう表現するかを比べたものだ。一見したところ、スウェーデン語の90＋7やドイツ語の7＋90は、日本語の9×10＋7に比べてそれほど複雑とも思えない。むしろ9×10より90をひとまとま

## 日本語の数字の読み方はすばらしい

### 各国語で97をどう読むか?

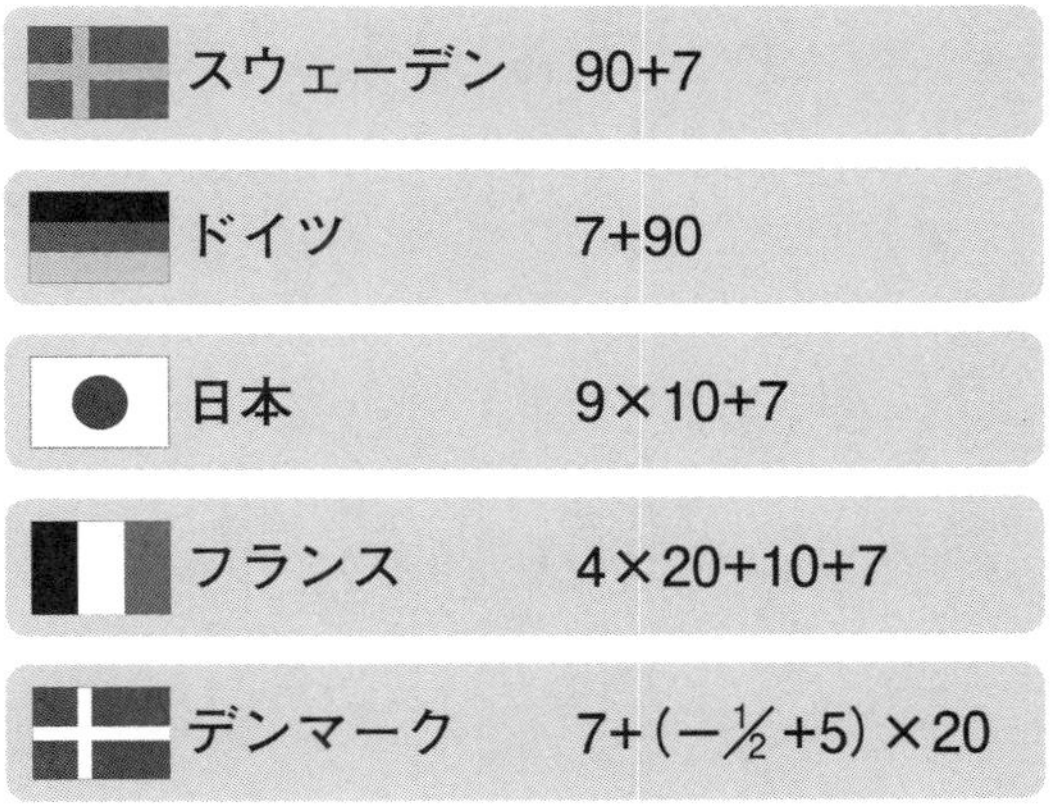


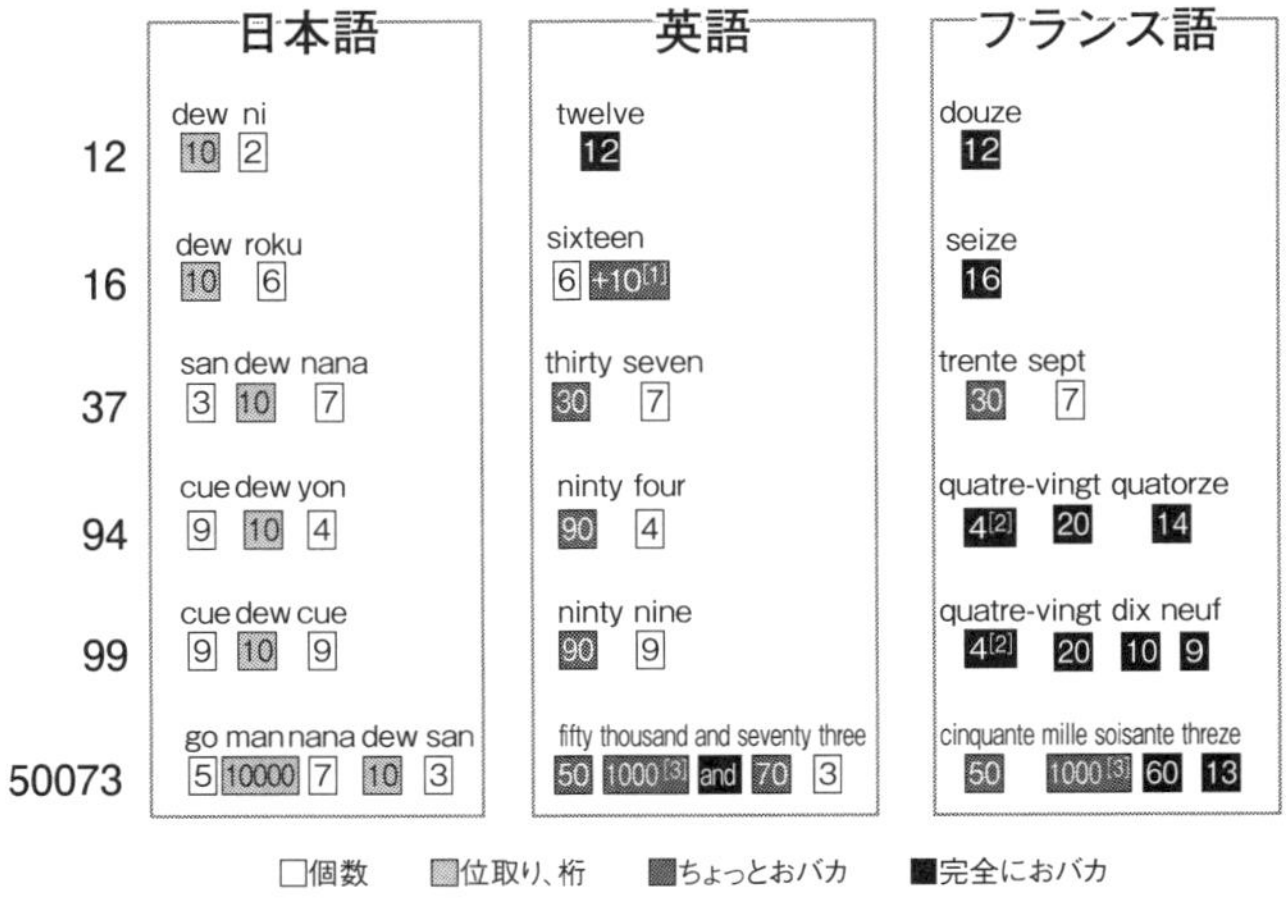


注1) 11〜12は個数として、13〜19までティーンという特別な位取りをする。
注2) 個数を単純に位取りのベースに掛ければいいわけではない。
注3) 個数掛ける位取りではなく、個数の10倍掛ける位取りとなっている。
出所:ウェブサイト『Andrew Betts@triblondon』、「Japanese numbers are great」より引用

りで表すことばがあるほうが単純に見える。

だが、これでは10の位について、20から90までそれぞれ独自のことばがあって、それを覚えなければいけない。こうになると、1から9までの指折り数えることのできる数字(digit)をくり返し使いながら、そのあとに位取りをつけるほうが簡単だとわかる。またドイツ語の1の桁のほうが10の桁より前に出てくるのも、2桁だけの比較ならそれほど面倒に見えない。ところが、桁数が多くなればなるほど混乱が生じやすくなる。

フランス語やデンマーク語になると、10進法と20進法が交じり合ったり、20進法1本で強引に押し通したりするから、ちょっと見ただけでこれが97だとわかる人はめったにいない表現になってしまう。頭の中に黒板を想定して2桁×2桁の計算をするとき、フランス語やデンマーク語では、七転八倒しなければ数字に転換できないのだ。

下段では、日本語、英語、フランス語に絞って、2桁から5桁までのさまざまな数字の読み方を比べている。日本語は単純明快に1から9までの数字のあとに位取り(10の桁、100の桁、1000の桁、10000の桁)をつけていくだけなので、非常に単純だ。英語は12までは十二進法、13から19までが二十進法、そのあとは変形十進法(three tenではなくthirty)といった複雑なかたちだ。さらにフランス語は二十進法と変形十進法が入り混じってもっと複雑だ。

ちょっと英語に対して不公平だと思えるのは、日本語ですっきり5万と数えられる50000を、英語では50×1000と表現しなければならない。このことを「ちょっとおバカ」と言い切っているところだ。これは、何桁をひとまとめにして新しい位取りの言葉を持ちこむかの差に過ぎない。英語などヨーロッパ語は3桁ひとまとめで、1000の次は10×1000、100×1000、そして百万が million という新しい単位になっているだけのことだ。日本語でも5万は単純に5×10000と書けるが、50万となると、50×10000で、やはり複雑な表現になる。

もともと中国を中心とする漢字文明圏のほうがヨーロッパ文明圏より大きな数字を扱いなれていた。だから3桁ごとの新しい数詞導入ではなく、4桁ごとの導入となっていたのだろう。そして機械的に1~9のあとに位取りを並べ、桁数の大きなほうから小さなほうへと整然と数えていく数字の読み方が、計数能力の向上に大きな力となっていた。このことについては疑問の余地がない。

最近、日本礼賛と称しながら、じつは中国や韓国への憎悪や蔑視《べっし》を並べ立てただけの本を見ることが多い。しかし、これだけ計数能力を育てやすい数字の読み方をする国々がこれだけ地球上の一地域に集中しているのだ。だからこそ、お互いの反発をあおるようなことをするより、東アジア漢字文明圏共通の世界中のその他の地域に対する優位をどう生かすかを考えたほうがいいのではないだろうか。

## アイウエオ表といろは歌は、文字文明大衆化の強力な武器だった

ただ、この東アジア漢字文明圏の中でも、日本が突出しているところがあるのも事実だと思う。それは漢字という表意文字と、そこから日本独自に発展させたひらがな、カタカナという表音文字を同時に使うことである。読み方と意味にいろいろ手掛かりの多い文章表現を発達させ、文字を読めない人がなるべく少なくなるようにという方針を、おそらく平安時代から延々とつづけてきた。

山口謠司が『日本語の奇跡――〈アイウエオ〉と〈いろは〉の発明』（2007年、新潮新書）で力説したように、カタカナとひらがながあり、字を列挙するのに整然と法則性のある並べ方と、優雅で情緒に満ちた並べ方が並立するのは、まさに奇跡だ。一方に縦軸の

アイウエオと横軸のアカサタナハマヤラワで、1つ1つのカナがどう発音されるかを整然と並べて見せている。とともに、いろは歌でいろは48文字のうち語頭に来ることのない「ん」をのぞく47文字を重複なく、見事な叙情によって記憶にとどめる努力をしたのは、世界中の文字と発音に関する工夫の中でも特筆すべきものだろう。

朝鮮半島で発達したハングルは特定の音を口腔の開け方、閉じ方、舌や唇の位置を図示する基本字母15個とその変化形9個の計24個を組み合わせて構成することになっている。だから、その原理さえつかめば、見たことのない字でもちゃんと発音できるものらしい。ただ、並べたときにアイウエオ表のような構造的明快性、あるいはいろは歌のような抒情的覚えやすさがあるのだろうか。それと、せっかくこのユニークな文字体系と漢字の表意性の利点を併用していた時代もあったのに、今はハングル1本で漢字固有の意味をあまり理解しない世代が育っているのは、ちょっともったいない気がする。

対してアルファベットはもう、昔からそういう順番に並んでいるというだけで、丸暗記するしか覚える手はない。英語の辞書を引くとき、どの字がどの字より前か後かで迷うことも少なくない。アイウエオ順に比べれば、はるかに学びにくく、覚えにくい順番だ。ここには、そもそもひとりでも多くの人が読み書きできるようにという配慮はなく、読み書きができるのは身分の高い人だけでいいという世界の発想が露呈している。

## エリートがちがう言葉を話す社会にしようとしても日本では失敗

中世ヨーロッパでは日常語としては完全に死滅していたからこそ、古代ローマ人の母語であるラテン語が聖職者・知識人の共通語に採用された。ラテン語を読み、書き、聴き取り、話すことができなければ知識人とは見なされなかった。また、庶民が司教や司祭の説教の内容を理解しようとすることは、身の程知らずな思い上がりだった。

イギリスではプランタジネット朝とそこから派生した諸王朝では、ヘンリー6世か7世の時代まで、宮廷内の公用語はフランス語だった。イギリスの貴族が英語をつかうのは教養のない庶民に何かを命令するときだけだった。現代イギリスでも単音節か2音節のアングロサクソン系の単語ばかりしゃべる人は教養がないと見下され、3音節以上のラテン語系、フランス語系の単語を多用する人は教養が豊かだと尊敬される。

日本でも宮中のやんごとなき方々は、独特のことばをつかわれるらしい。だが、それは

「おもうもう」、「おたあたあ」といった幼児語化・オノマトペ化したやまとことばであって、外来語や外国語の影響は庶民のつかう現代日本語以上に弱い。

日本にもエリートと大衆がちがう言葉をつかう社会を構築しようとする試みは、何度かくり返されてきた。奈良・平安時代の律令制導入とともに、文書は中国語の語順どおりに漢字ばかりを並べて表記するようになった。カタカナやひらがなが発明されたあとも少なくとも公文書は送り仮名も振らず、読み下し文にもしない中国語文法そのままに漢字を並べただけの時期がしばらくつづいた。

そして、あの在原業平《ありわらのなりひら》は「文才なし」と評価されて、地方に飛ばされてしまった。「名にしおればいざこと問わん都鳥　我が思う人はありやなしやと」のような優雅な歌を詠む人に文才がないわけはない。だが、当時の貴族社会では漢詩が書けないと文才がないことにされていた。漢詩を書けなかった、あるいは書こうとしなかった業平はそこまで冷遇されたのだ。

ついで江戸時代中期に、荻生徂徠《おぎゅうそらい》派の儒学者たちが、漢文を日本語の語順ではなく漢字の並び方どおりに、しかも当時（明末・清初）の現代中国語の発音どおりに発音することを提唱した。さらに論理的厳密さを必要とする論文はすべて、中国語で読み、書き、聴き取り、話すようにしようとさえした。この荻生徂徠の「現代中国語公用語」論は、あえなく挫折したが、彼の育てた高弟のうちのひとりは、江戸時代がいかに間口の広く、懐の深いサービス社会だったかを象徴するような経歴をたどることとなった。

## 江戸は究極のサービス化社会だった

徂徠の高弟のうち、太宰春台《だざいしゅんだい》は師匠同様経世済民の道を目指し、つまりは将軍や有力大名に取り入って実際に政治を動かそうとした。だが、もうひとりの服部南郭《はっとりなんかく》は、もともとあまり他人を政治で動かすというようなことに興味がなかった。ただ、師匠の現代中国語知識を受け継いで、正確な発音で複雑極まる漢詩の韻《いん》の踏み方や平仄《ひょうそく》もマスターし、当時の、いやおそらくは江戸時代を通じての漢詩の第一人者となった。そもそも宮仕えが嫌いだったので、五代将軍綱吉の寵臣《ちょうしん》、川越藩主柳沢吉保のお抱え詩人という地位を吉保の死後あっさり放棄して、一介の浪人として漢詩を教えて生計を立てようとする。

当初は弟子が集まらずに困窮したこともあったが、やがて大勢の弟子から受け取る束脩《そくしゅう》（弟子入りや独立時の礼金と月謝の合計額）が年間150両となる。江戸中期までの1両の価値は現在の10~13万円と言われているので、低めの推計でも1500万円、高めの推計なら2000万円近い大金だ。漢詩は律令制度にかぶれていた平安時代の貴族のあいだでは出世に役立つ分野だったが、江戸時代にはどんなに上達しても金銭的な報酬が得られることのない分野になっていた。それでも一流詩人が直接添削してくれるのなら、これだけの授業料を払うという弟子に恵まれて、高額所得を確保できていたのだ。

エリートは別の言葉をつかうようにしようという3回目の試みが、明治維新期の初代文部卿、森有礼《もりありのり》の英語公用語化論だ。3回とも、日本の知的エリートたちのあいだでは、外国語を流暢《りゅうちょう》に聴き取り話すことができる、いやそれどころかなんとか読み書き程度ならできるというレベルに到達する人間があまりにも少ないという単純明快な理由で失敗した。一度でも植民地化されたことがあり、宗主国から送りこまれたエリートたちの母語を聴き取り、話さなければ絶対に出世はできない境遇に置かれた歴史を経験した人々のあいだでは、なんというううらやましい言語環境かと思われることだろう。

だが今日本の安倍内閣は、日本人教授が教え、日本人学生が学ぶ授業を英語で行えば補助金を出すという、宗主国なき植民地化路線を突っ走っている。仏の顔も三度と言うが、まさに4回目の愚挙だ。しかし過去3回同様、日本の知的エリートたちの言語能力の低さが、今回の試みも惨憺《さんたん》たる失敗に導いてくれるだろう。

こうして見てくると、日本の一部の知的エリートたちは、国民の圧倒的多数が同じ言葉を話すという、平等で平和な社会の基礎を掘り崩そうとする愚鈍な連中ばかりだったと思われるかもしれない。だが、実際には折に触れて熱病にでもかかったように外国語の公用語化を企てることはあっても、基本的に日本では、大衆だけでなくエリートたちの主流派も言葉によって人間を差別する風習を最小限に食い止めてきた。

## 韻文でさえ、高踏派より大衆派が優勢な時代が多かった

最初の国家事業として編纂された歌集である万葉集には、数多くの詠み人知らずの歌がふくまれている。その中には、著者が明らかになると政治・社会的に差し障りがあるという理由で著名な詠み手の名前が伏せられたケースもある。だが、たとえ詠み手の名前が明らかにされたとしても、おそらく隣近所の人しか知らない、無名の歌人が詠んだ歌というケースも多い。

さらに江戸時代初期には中世を通じて形式化が進んでいた風潮を痛烈に批判する戸田茂《も》睡《すい》のような歌人も現われた。世の中には歌に詠むのに適した言葉と、適さない言葉があるという発想について茂睡はこう述べている。

歌はやまとのことばそのものなのだから、人が話すことばで歌に詠めないことばなどない。それなのに、いつのころからか、歌に詠めることばと詠めないことばがあるなどと、歌の道に関所を設けるようなことを主張する人たちが出てきた。こうして、歌の道を狭めてしまうのは、歌が衰退するきっかけになってしまうだろう。……和歌の道は、下賤の男女でも、この道に入りたいと思う人ならだれでも入れるように広々としているべきだ。

辻達也『江戸時代を考える――徳川三百年の遺産』（1988年、中公新書）、18ページ（現代語訳は引用者）

「下賤の男女でも入れるように、歌の道は広く、平坦であるべきだ」という言い方に「上から目線」を感じる方もいるかもしれない。だが、ヨーロッパでは、そしておそらく中国でも、そもそも韻文は教養豊かな人しか書けるはずのない、特権的な芸術だったのだ。

日本国民は、かつて唐・宋から輸入した文物や知識をまったくちがうものとして受け入れたと同じように、表面的には全面的に受け入れたかに見える西洋文明にも同じような取捨選択の基準を適用していた。つまり基本的に連続性と大衆性を重視する日本文明と抵触しないものは受け入れ、日本文明の連続性と大衆性を脅かすものは拒絶するということだ。

この大衆重視の姿勢こそ、日本が世界で唯一、縄文時代の約1万2000~4000年、平安時代の約350年、江戸時代の約250年と、3度も長い平和の持続期間を経験してきた最大の理由ではないだろうか。そして、その根底にあるのは、王侯貴族やエリートが文法体系においても、語彙《ごい》においても大衆とはまったくちがう言葉を話したことがない国だったという事実だろう。王侯貴族やエリートが大衆とは全然ちがう言葉を話していた世界では、戦争によって大衆の生活がどんなに多大な迷惑をこうむるかについても鈍感な支配者が多かったにちがいない。

「戦後の日本人は平和ぼけ」とか「日本は戦争を放棄しても、戦争は日本を放棄しない」と言われる。だが偏見なく世界史を見れば、西欧がその他全世界を支配しようとした過去5世紀間、いやエルサレムの聖地奪回のために十字軍を派遣してからの10世紀間が「戦争ぼけ」の時代で、異常に多くの悲惨な戦争がひき起こされてきたことは、第一章で説明したとおりだ。

ほんものの戦争ができず、実戦で勝つ側より同情を買う側が勝利を収める「戦争もどき」しか起きない時代に繁栄を謳歌するのは、世界一長期間にわたって平和がDNAに刷りこまれてきた日本国民だろう。その一方で、定年退職者の多くが一生暮らしていける蓄積がないことに不安を感じていること、そして中高齢者のほうが青少年より引きこもりをしている人が多いことがわかった。これらの事実も踏まえて、ここで日本の国防についてかなり常識外れの提案をしたい。

## 日本の国防は老衛兵で

シモン・ツァバルが書いたとおり、現代の戦争では勝利の女神は戦場での実戦に勝った側ではなく、国際世論の同情を買った側に微笑む。目指すは、戦場に出れば必ずみじめで無様な負け方をする地上最弱、連戦必敗の軍隊だ。そのために必要なのは、「若くなく、不健康で身体が弱く、精神が不安定な……兵士」（ツァバル『戦争に勝ってはいけない本当の理由』73ページ）ということになる。

なるべくみじめで無様な負け方をするために、今後ますます希少性が高まっていく健康な若年層の人材を動員するのは、とんでもない資源の浪費だ。したがって名称を変える必要はないが、自衛隊は災害支援と復旧・復興活動に専念すべきだ。自衛隊ほど災害支援に経験を積んでいる軍事組織は世界中ほかにはなさそうなので、よく言われる「日本には外交の切り札がない」状態を是正するにも大いに役立つだろう。世界中で大災害が起きたときに、緊急避難のルート確保や、避難誘導、二次災害、三次災害の防止と、道路・鉄道などの交通インフラの早期復旧に出動するのだ。

では、国防はどうするのか。原則として65歳以上の人たちに、万一敵兵が日本に上陸した場合には、なるべくみじめで無様な負け方をするという任務をよく説明したうえで日本各地の兵舎に常駐してもらう。この部隊を老衛兵と名付ける。

また中高年、青少年を問わず、長期引きこもりであった人々、いじめに遭っていた人々、ブラック企業などで酷使されつづけて自己評価が低くなり、もっとましな仕事があるはずだと思いながらも、もう一度求職の一歩を踏み出すことができずにいる人々が増えている。こういった人たちについては、事実調査をせず、自己申告だけで入隊を許可する。老衛兵中年部隊、青年部隊を併設するが、入隊は当人の実年齢ではなく、当人の希望を優先して配属する。

老衛兵を組織する目的は4つ。

（1）行き場のない中高年層に家賃のいらない兵舎と、定期的な食事と、「名誉ある死に場」と部隊在籍中の死には、病死、老衰死でも遺族に恩給を支給すること。

（2）定年退職者でも、早期退職者でもそのまま社会との接点が少なくなってしまった人たちに対して、第2の人生のための職業訓練校となること。

（3）日本で第2のキャリアがなかなかうまくいかない理由の1つに、あまりにも水準の高いアマチュアが各分野に目白押しで、まったくのしろうとが中高年から開業するには敷居が高すぎることがある。このハードルを、全国に張りめぐらした老衛兵組織のネットワーク力で突破して中高年起業を支援すること。

（4）老若男女を問わず、居場所のない人、今の居場所に居づらい人に避難所を提供すること。

日本人は、世界でもまれなほど「集団で動くときには、整然と秩序だった団体行動をしたほうが気分がいい」という国民性を持っている。だから、こういう人たちを兵舎に集めて軍事教練をひんぱんに行ったりすると、身体能力的にはかなり衰えていても、じつは強兵となって敵軍に勝ってしまったりする。それでは元も子もないので、兵舎で団体生活をしているあいだ、老衛兵には軍事教練をさせずに自分の選んだ趣味の研鑽《けんさん》に励んでもらう。これは当初2回は青少年の、そして3回目は中高年の引きこもりの実態に関する調査結果とも適合している。

## 趣味は社会との絆を維持する強力な誘因となっている

1〜2回目の調査は、引きこもりは青年層の問題という先入観からサンプル母集団が39歳までに限定されていた。だが、第3回目にして初めて行われた40〜64歳の年齢層を対象とした引きこもり調査では、中高年（40歳以上）の引きこもり比率を日本の総人口に敷衍《ふえん》すると61万3000人となった。じつに青少年（40歳未満）引きこもりの推計人口54万1000人を上回っていたという。

川崎市で中高年引きこもりだった人間が起こした大量無差別殺人事件や、その後、農林水産省の元高級官僚が長期引きこもりだった自分の息子を殺害した事件で、中高年引きこもりは20〜30年の長期に及ぶものが多いという印象が形成されている。そこから、引きこもっているのは「とにかく仕事をするのが嫌で、怠けているだけの人間だ」という偏見も生じているようだ。だが、202ページの図表を見ると、中高年引きこもりでも20年以上の長期引きこもりは19・1%と2割未満であることがわかる。

引きこもりになった年齢は60〜64歳が17%で、最大シェアとなっている。引きこもりがつづいている期間は3〜5年が21%でもっとも多いが、5割弱が7年を超え、30年以上も6%いた。引きこもりになったときの年齢、引きこもり期間とその理由を総合して考えると、通常65歳となっている定年まで働きつづけようとしていた人が、なんらかの理由でそれより早く退職することとなって、次の就職先が見つからない、あるいはそこになじめないというケースが多いのではないかと思われる。日本で中高年になってから再就職しようとすると、機会自体が少ないうえに、就ける仕事の種類も限定され、新しい職場での人間関係もうまくいかないという実態が浮かび上がってくる。

なお、趣味の研鑽を奨励することの意義は、203ページの図表の調査結果を見れば一

# 引きこもりになった年齢、引きこもり期間とその理由

## 引きこもりの状態になった年齢

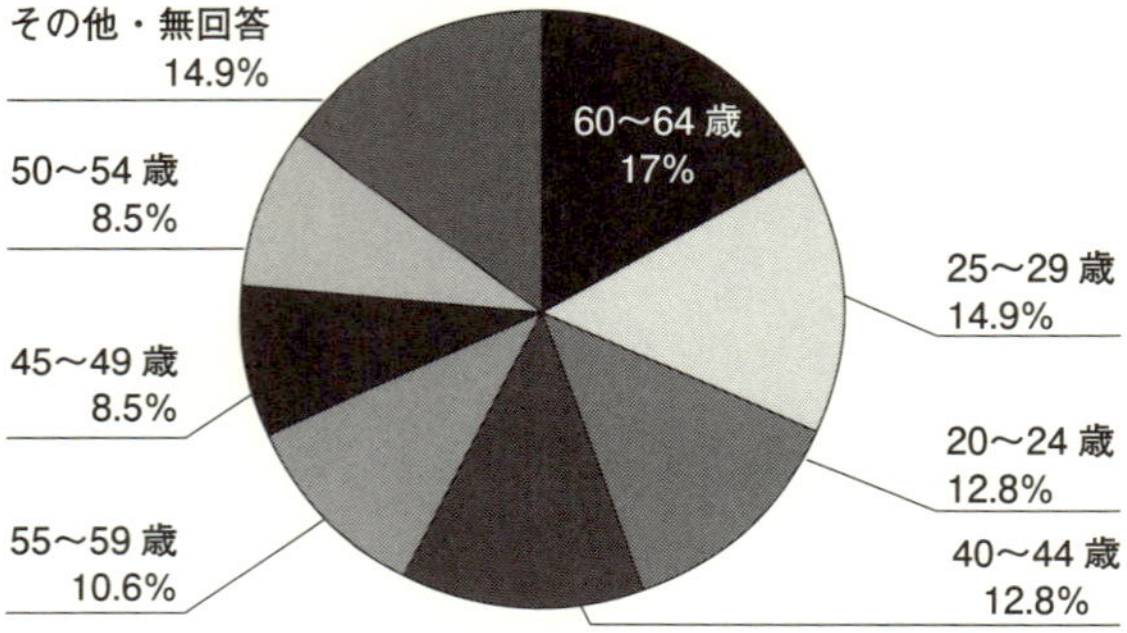


## 引きこもりの期間

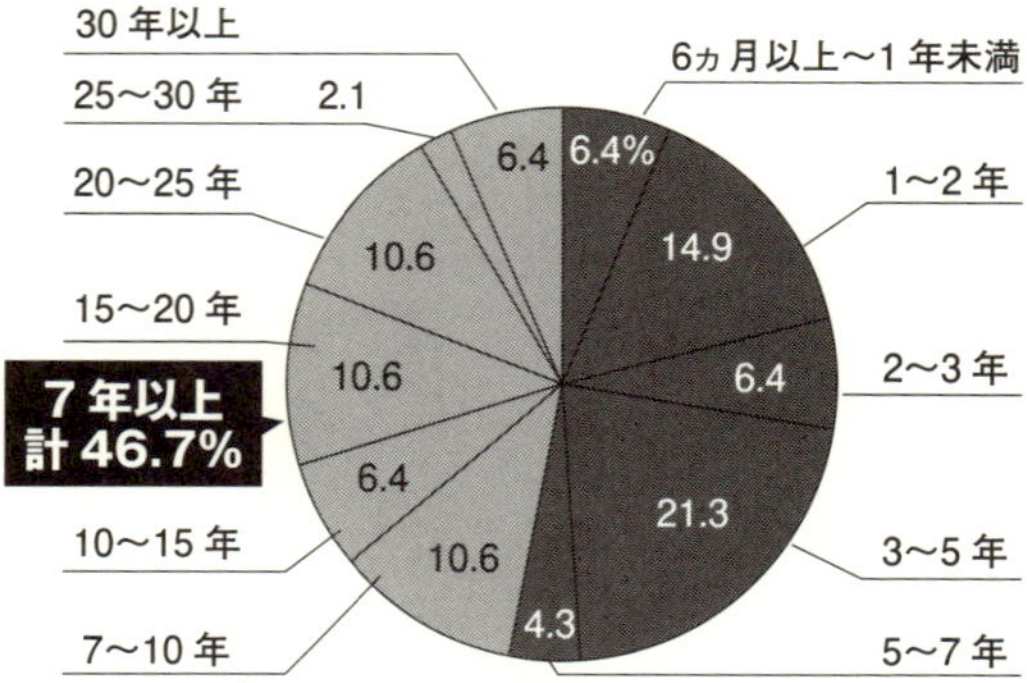


## きっかけ

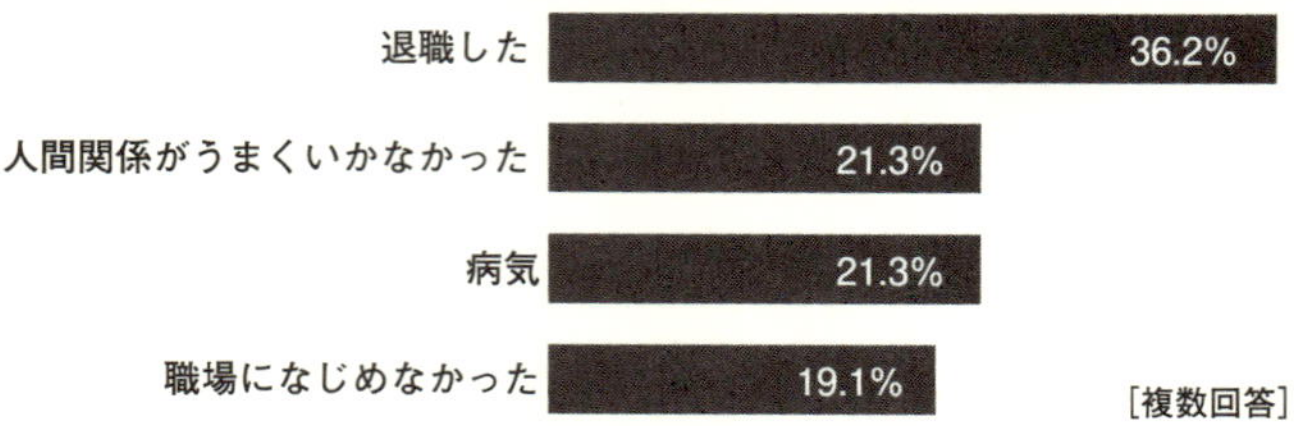


出所：内閣府、『生活状況調査　2018年度』データにもとづき、（上）日本経済新聞ウェブ版2019年7月9日付、（中・下）東京新聞ウェブ版、2019年3月29日付夕刊に掲載の図表を引用

## 本人のふだんの外出状況

### 本人票 Q19　ふだんどのくらい外出しますか（○はひとつだけ）

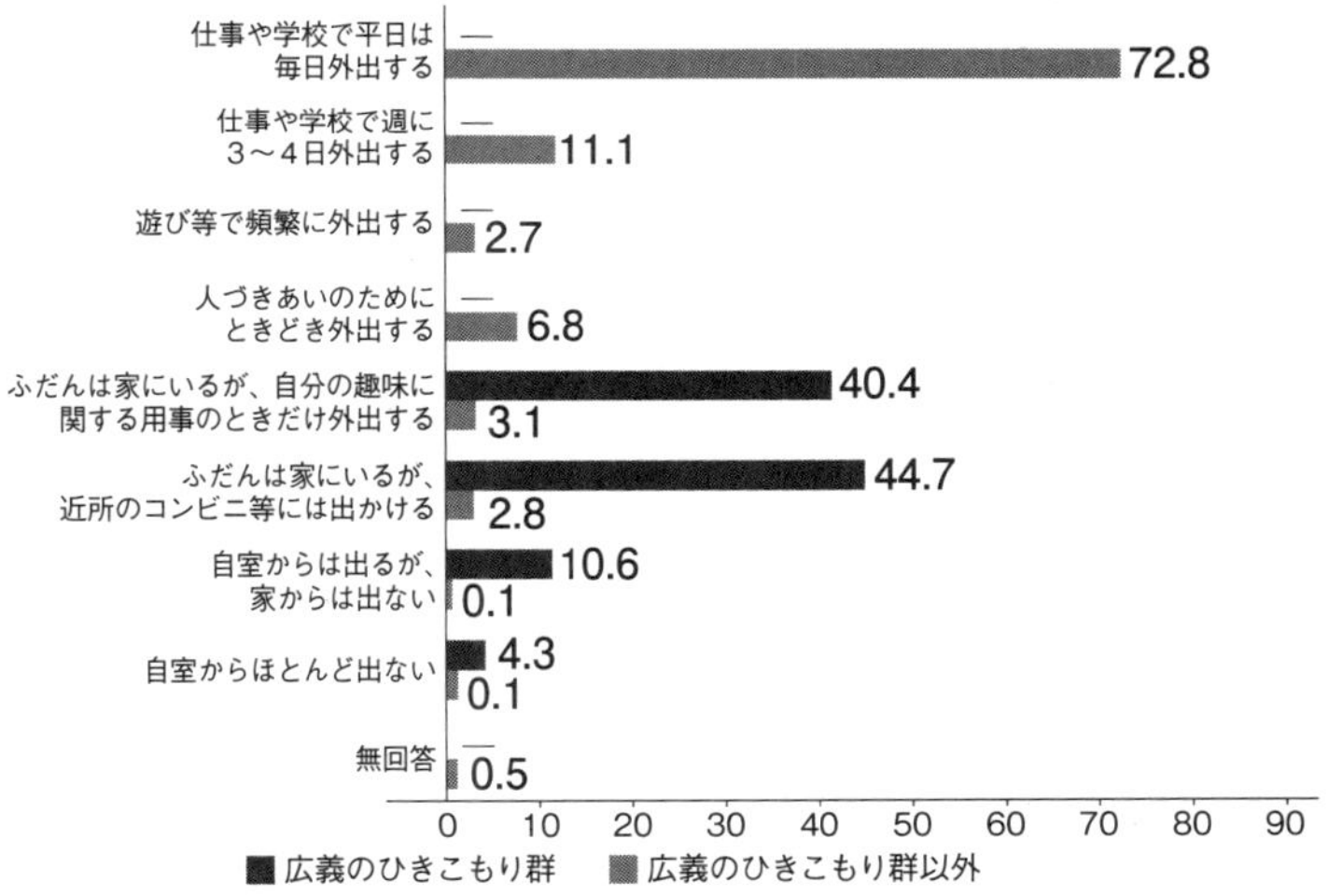


## （参考）本人の外出状況、2015年度

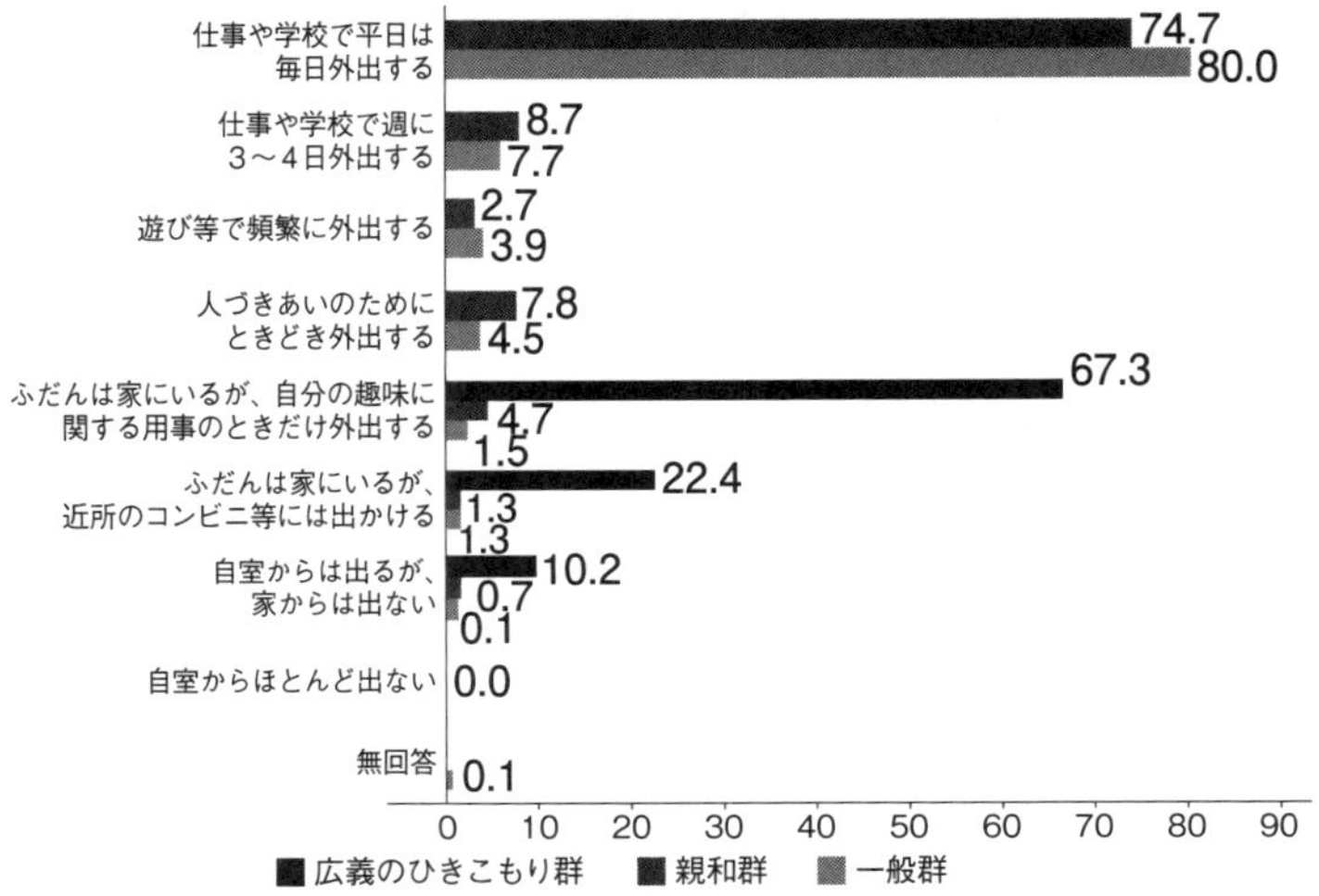


出所：内閣府、『生活状況調査　2018年度』データより引用

目瞭然だろう。

外出するのはどんなときかについて選択肢を1つだけ選ぶ設問である。今回の中高年引きこもりの人たちでさえ、「趣味に関連する外出」が40・4％と、「コンビニに行く」の44・7％につぐ僅差《きんさ》の2位となっている。2015年度の青少年引きこもりに関する調査での、3分の2を超える断トツの首位に比べると、やや低い。だが年齢層が上がっている分だけ外出そのものがおっくうになる人もいる中で、遠出になることも多そうな趣味関連の外出が、近場にあるコンビニへの外出とかなり接近した数字になっている。これは、趣味が社会との絆を維持するうえでいかに強力な誘因となっているかを象徴するような数字と言えるだろう。

## 兵舎は属地主義、指揮命令系統は属人主義

もう少し具体的な話を進めよう。どこの兵舎に入営するかは、老衛兵志願者が「住み慣れていて暮らしやすい」とか、「長年あこがれていた土地だ」とかの理由で、希望してき

た兵舎に配属する。つまり、属地主義だ。だが上官と部下の指揮命令系統は、自分が研鑽を積みたい趣味のうえで師匠に当たる人が将校、師範代に当たる人が下士官、ひたすら学ぶだけの弟子が兵卒ということになる。つまり、属人主義だ。

演奏軍団には、音楽師団、舞踊師団、演劇師団があり、その中の舞踊師団には、洋舞旅団、日舞旅団、民謡舞踊旅団、前衛舞踏旅団がある。さらに洋舞旅団には丹波連隊ならぬサンバ連隊、丹後連隊ならぬタンゴ連隊、フラメンコ連隊等々があるわけだ。民謡舞踊旅団には、当然よさこい連隊、ソーラン連隊、えらいやっちゃ連隊が結成されるだろう。さらに、文芸軍団、絵画・映像の視覚軍団、調理軍団、伝統芸能軍団などが考えられる。

調理軍団は和食師団、洋食師団、中華師団、エスニック師団からなる。居酒屋志望はどこかの師団の下の旅団ではなく、独立した師団を形成するほど人気が集まるだろう。これは居酒屋に限らず、調理師あるいは小規模飲食店経営という職能全体に言えることだが、かなり若いうちからしっかりした展望をもって独立自営を目指す人の多い分野だ。「自分は定年までにその後の人生を悠々自適で送れるほどの貯蓄を築けないだろう。それに退職して暇を持てあますより、体が動くかぎり働いていたい性分だ」と考えて、中学高校を卒業したころから、あるいは30代、40代で脱サラしたころから、常連客の付く小規模飲食店の運営に取り組む人が多い。

ということは、人気が集中する半面、プロ級の腕を持ったアマチュアが定年退職後将校として入隊してくれる可能性は低いということになる。プロのまま自営をつづけている人たちを客員将校として招請する必要があるかもしれない。これはハンデのようであって、じつは利点だろう。競合がきびしくなるのは嫌だという程度のシェフではなく、自分が育ててやったから自立したという経歴の弟子にはいつまでたっても、日々の工夫で負けないという自信を持ったプロ中のプロが来てくれることが期待できるからだ。

調理軍団にはもう1つ利点がある。各自が配属された兵舎の糧食を担当する中で、戦場での現場指揮はともかく、同じ兵舎に配属された他軍団の兵卒を調理場で指揮することにかけては、かなりの経験を積むことになる。その点でも、除隊して自営の飲食店を開ける展望が明るいということだ。

また、自然災害が勃発したときには、自衛隊と連携して被災地での炊き出しなどで社会貢献する機会も多くなるだろう。海外遠征ということさえあるかもしれない。

兵舎は属地主義、命令系統は属人主義では芸事、習い事の習得はむずかしいという意見もあるだろう。だが、ひとり1台ずつインターネットにつながったＰＣを配布して、動画像付きのカンファレンスコールをひんぱんに行い、どうしても手取り、足取りの稽古《けいこ》が必要なときは、将校の配属された兵舎に兵卒たちが出向くことにすれば、かなり実のある訓練ができるだろう。

## 指揮命令系統が混乱していいのは戦場に出たときだけで、趣味の研鑽はきちんと

しかし、「もし日本の領土に武力で侵入してくる勢力があったとき、応戦するのは侵入地点に駆けつけやすい兵舎の将兵たちということになるから、まったく直接の上下関係がない混成部隊となってしまい、指揮命令系統を維持できない」という不安も出てくるだろう。老衛兵の目的とするのは武力侵略に対してなるべくみじめで無様な負け方をすることなので、指揮命令系統の混乱はむしろ歓迎すべき現象だ。戦場では指揮命令系統が確立された弱卒のほうが、個人個人での戦闘能力は高いがバラバラに動く猛者《もさ》たちに勝ってしまうことさえあるからだ。

この老衛兵構想は、安上がりで強力な軍隊をつくろうということではない。たとえば北

陸地方に北朝鮮からの武装難民が上陸してきたら、近隣兵舎から竹槍で武装した老衛兵が出動して、撃退するということではまったくない。万が一にも武装難民の胴を串刺しにして、苦悶《くもん》の末こと切れるなどという事態になったらどうするのだ。国際世論は圧倒的に武装難民側についてしまうだろう。いついかなるときにも、テレビ映り、インスタ映えを考えて、みじめで無様な負け方をすることを忘れてはいけない。

あらためて指摘するまでもないことだが、この老衛兵制度に女性志願兵の入隊を拒む理由はまったくない。どの軍団でも女性将兵が混じっていたほうが活気づくだろうし、とくに女性将兵抜きの演奏軍団はありえないだろう。ただ女性将兵にも、戦争目的は戦場での勝利ではなく、なるべくみじめで無様な負け方をすることであって、その中には自分の戦死もふくまれることは十分理解したうえで入隊してもらわなければならない。

ただし、指揮命令系統が混乱していていいのは、あくまでも戦場でだけの話であって、日ごろの趣味の研鑽については、それぞれ自分が選んだ分野で将校・下士官はきちんと兵卒を育て上げるためのきびしい訓練を行う必要がある。目標とするのは、演奏芸術では入場料の取れるパフォーマンスであり、書画・詩歌・俳諧《はいかい》では印税の取れる出版活動であり、調理では独立店舗の経営である。そして時代は老衛兵の第2のキャリア習得に味方する。

とにかく超高齢化で稽古をする時間はたっぷりあるからだ。

## 老衛兵制度の費用はどうなる？

独立して食っていけそうだからという理由での除隊申請は、調理軍団だけではなく、どの軍団でも大歓迎すべきだ。日本が武装侵略されることがいかに可能性の低い事態かということがわかってくるにつれて、新規入隊希望者はどんどん増えていくだろう。その一方で、病死や老衰死といった自然死でも在籍中の老衛兵が死亡すれば、遺族の存命中は恩給を支給する制度設計になっているので、長期的にはこの恩給支給額が老衛兵制度の最大の支出項目になりそうだからだ。

そのほかには、あまりに巨額の予算を配分しなければならない分野はない。まず兵舎はあまり費用がかからないように、国有地でなるべく利用度の低い既存建物を転用して設営する。糧食は、食材購入費以外兵舎内の労働で賄う。評判のいい食堂は民間顧客に開放して、さらにコストを下げる。軍服は通常の軍隊の軍服というより巨大劇団の衣裳部屋のようになるかもしれないが、それほどひんぱんな変更は必要ないだろう。もしレヴュー旅団がシーズンごとに新作で大量の衣裳を必要とするならば、民間の観衆からの入場料収入で賄うべきだろう。

老衛兵が民間人だったころには最大の支出項目だった可能性が高い、趣味に関する費用は公務で国費負担となるので、おそらく老衛兵への現金給与は少額で済むだろう。国費と言っても大半は、同じ老衛兵間で技量の高い将校が経験の浅い兵卒に教えることに付随する費用なので、それほど巨額にはならないだろう。

日本国政府の総債務はＧＤＰの2倍を超えていて危機的だと言われるが、そのうちの43％、480兆円弱は日銀が保有している。この日銀保有の国債残高については、金利収入があっても大部分を日銀が財務省に納付する仕組みになっているので、実態としては貸し借りゼロに等しい。だから日銀が国債保有残高を債権放棄すれば、かんたんに日本政府の過重債務問題は解消する。債権放棄は徳政令のようで外聞が悪いというなら、償還期限が来るたびに無利子の永久債に借り換えれば、同じ効果が得られる。とにかく、老衛兵制度の出費を賄う程度の財源は悠々捻出できる。

## 老衛兵制度のもう1つの利点：軍隊の好戦化傾向なし

国民皆兵の徴兵制とちがう志願兵制軍隊の問題点として、自分たちの存在理由を主張するために軍人兵士が好戦的になる傾向がある。だが老衛兵の場合、むしろ逆に平和の持続を信ずる人ほど抵抗なく老衛兵となり、戦争勃発の可能性を高めに見る人は自分の命が犬死で失われることを深刻に受け止めるので、あまり老衛兵にならないだろう。

「いざ戦争となったら、なるべくみじめで無様な死に方をして、お国のためになってくださいね」というのは、ほんものの戦争、すなわち戦場での勝ち負けが即戦争全体の勝ち負けにつながると確信している人たちにとっては、かなり重い要求だ。だから時代を超越して戦争不可避論を唱える人たちは、そう簡単に老衛兵にはなれないだろう。

だが、私のようにこれからの戦争はほんものの戦争ではなく、戦場で勝った側ではなく同情を買った側が勝つ戦争もどきばかりになると確信している人間にとっては、老衛兵に入隊するときの敷居は非常に低い。まともに損得勘定のできる権力者が、他国領土を侵略しようなどという間尺に合わないことをするはずがないと思っているからだ。「家賃なしで、タダ飯が食えて、趣味に没頭できる。ラッキー！」という連中が入隊するわけだ。だから日本国中どこの兵舎でも、老衛兵の多数派は戦争が起きるはずがないと思っている極楽トンボで、本気で戦争の可能性を憂慮している人たちは大部分、民間人にとどまるだろう。

# おわりに

2020年から2027年は、さまざまな国で政治・経済・社会が激動し、混乱する時期になりそうだ。既成観念がガラガラと崩れ落ちていく。

その既成観念の崩壊は、日本に焦点を当てればどんなかたちで現われてくるのだろうか。私は、もうとっくの昔に退却戦に入ってしまったヨーロッパ諸国や、現在の覇権国家アメリカや、次の覇権国家と見る人の多い中国よりも、ずっと健全で、まじめに働く人たちにとって希望の持てる変化になると確信している。

最大の理由は、「日本は平和ボケ」という声にもかかわらず、むしろ過去約1000年間にわたって欧米諸国が戦争ボケだったと考えているからだ。しかし、世界はどう頑張ってもほんものの戦争を戦えない方向に動いている。人口動態も、金利動向も、そして得体のしれない国際世論なるものも、あらゆる要因が、軍事力が強ければ戦争に勝てるわけではないし、戦争に勝てば得をするわけでもないことを示している。

第二の理由は、突出したエリートはいないが、大衆の知的水準が平均的に高い日本の国民性は、製造業主導の経済より、サービス業主導の経済に向いていることだ。近年、日本人が海外旅行でつかうカネより、海外の観光客が日本でつかうカネのほうが多くなった。このことに象徴されるように、日本の総輸出額に占めるサービス輸出額の比率が急上昇している。だが、それでも、この比率はまだ、世界平均より低いのだ。

平和で、安全で、清潔で、さまざまなサービスが体験できる大都市がこんなに多い日本が、サービス輸出比率で世界平均を下回っているとは！　まだまだ、日本のサービス産業には成長余地が大きい。

エルサレムでテンプル騎士団が結成された1119年から900年、
チェコで宗教戦争の先駆けとなるフス戦争が勃発した1419年から600年、
コルテスがアステカ帝国征服に乗り出した1519年から500年、
ドイツでローザ・ルクセンブルクが虐殺され、イタリアでムッソリーニがファシスト党の母体、イタリア戦闘者ファッシを設立した1919年から100年、
2019年7月半ばの吉き日に

増田　悦佐

●著者略歴
増田悦佐（ますだ・えつすけ）
1949年東京都生まれ。一橋大学大学院経済学研究科修了後、ジョンズ・ホプキンス大学大学院で歴史学・経済学の博士課程修了。ニューヨーク州立大学助教授を経て帰国、HSBC証券、JPモルガン等の外資系証券会社で建設・住宅・不動産担当アナリストなどを務める。現在、経済アナリスト・文明評論家として活躍中。
著書に『これからおもしろくなる世界経済』『最強の資産は円である！』『米中地獄の道行き 大国主義の悲惨な末路』（以上、ビジネス社）、『2020年、経済史上初の恐怖の三重底が世界を襲う!!』（電波社）、『戦争と平和の経済学』（PHP研究所）など多数ある。

日本経済2020 恐怖の三重底から日本は異次元急上昇

2019年8月15日　　第1刷発行

著　者　増田悦佐
発行者　唐津　隆
発行所　株式会社ビジネス社
〒162-0805 東京都新宿区矢来町114番地
神楽坂高橋ビル5階
電話 03(5227)1602　FAX 03(5227)1603
http://www.business-sha.co.jp

カバー印刷・本文印刷・製本/半七写真印刷工業株式会社
〈カバーデザイン〉大谷昌稔　〈本文DTP〉茂呂田剛（エムアンドケイ）
〈編集担当〉本田朋子　〈営業担当〉山口健志


ISBN978-4-8284-2120-9

ビジネス社の本

# 最強の資産は円である！

## 株は2020年までに売り払え

定価　本体1500円＋税
ISBN978-4-8284-2000-4

増田悦佐……著

**潮目が変わる2020年、**
**宴の後の焼け野原で起こること**

インフレは起こらないこれだけの理由
日本は財政破綻しない！
製造業の時代が完全に終わる
膨大な資源が余る
暴利を貪る金融業の終わりの始まり
資本主義、株式市場は衰退していく

**本書の内容**